新时代
营销
新理念

跨境电商

平台规则+采购物流+通关合规全案

农家庆——著

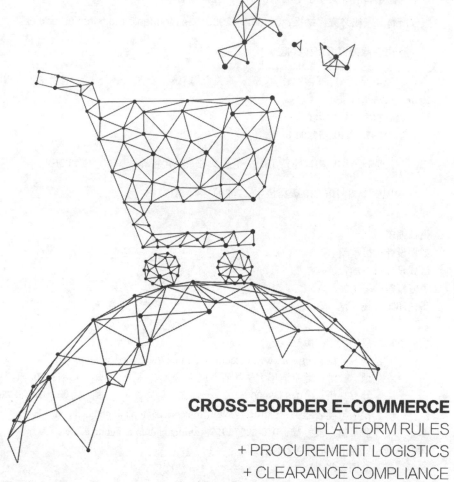

CROSS-BORDER E-COMMERCE
PLATFORM RULES
+ PROCUREMENT LOGISTICS
+ CLEARANCE COMPLIANCE

清华大学出版社

北京

内 容 简 介

跨境电商的迅猛发展带动了消费升级，也为众多跨境电商创业者、投资者带来巨大红利。本书通过通俗易懂的语言，系统全面地向读者介绍了跨境电商的相关知识。

本书分为四个模块。第一模块讲述了跨境电商平台，目的是让读者了解如何借助当下跨境电商平台的优势展示自身价值；第二模块重点讲述当下跨境电商的关键流程（采购、物流、通关等），针对跨境电商全流程中需要面对的问题，为读者提供优质解决方案；第三模块讲述跨境电商中应遵守的合规性问题，指引读者规避跨境电商过程中可能出现的政策红线；第四模块讲述"一带一路"下的跨境电商前景，帮助读者开阔视野，创造财富。

本书适合做跨境电商的卖家、想转型跨境零售的传统B2B外贸公司和制造业工厂以及电子商务、国际贸易专业的高等院校学生学习参考。

图书在版编目 (CIP) 数据

跨境电商：平台规则＋采购物流＋通关合规全案 / 农家庆著 . —北京：清华大学出版社，2020.7（2024.11重印）

（新时代·营销新理念）

ISBN 978-7-302-55204-8

Ⅰ . ①跨⋯　Ⅱ . ①农⋯　Ⅲ . ①电子商务—经营管理　Ⅳ . ① F713.365.1

中国版本图书馆 CIP 数据核字（2020）第 048177 号

责任编辑：刘　洋
封面设计：徐　超
版式设计：方加青
责任校对：王荣静
责任印制：杨　艳

出版发行：清华大学出版社
网　　址：https://www.tup.com.cn，https://www.wqxuetang.com
地　　址：北京清华大学学研大厦 A 座　　　　邮　　编：100084
社 总 机：010-83470000　　　　　　　　　邮　　购：010-62786544
投稿与读者服务：010-62776969，c-service@tup.tsinghua.edu.cn
质 量 反 馈：010-62772015，zhiliang@tup.tsinghua.edu.cn
印 装 者：三河市少明印务有限公司
经　　销：全国新华书店
开　　本：170mm×240mm　　印　张：17　　字　数：249 千字
版　　次：2020 年 7 月第 1 版　　印　次：2024 年 11 月第 11 次印刷
定　　价：69.00 元

产品编号：083686-01

序言

2020 年，可谓是流年风暴。

当我们踌躇满志展望新的一年的时候，一场由新型冠状病毒引发的疫情，席卷了整个中国甚至全球。那么亿万小微创业者的生计，该怎么办？

这让我回想起 2004 年，即"SARS 事件"后的第二年，我创办了敦煌网。一路走来，经历了很多坎坎坷坷，但也体会到很多激动人心的时刻，我想这些只有我们这群创业者自己知道。如果创业之路都是风调雨顺、水到渠成，那也许就没有现在这么多的充实感和成就感了。

在这个特殊的春天，老农的新书付梓。这是一本通俗易懂的作品，向普通读者全面阐述了跨境电商的基础知识，尤其是那些有志于进入跨境电商领域的创业者，可以从中获得更多有效的信息。

2019 年年底，我谈到敦煌网的梦想，经过 15 年的跨境电商产业生态的积累，接下来，我们要做这个产业的连接和赋能，做"全球跨境电商小微企业的数字化产业中台"。

中台是什么？

一般是指企业内部，支持前端业务突击部门的一整套中枢驱动模块。

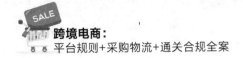

那么，产业中台长什么样子呢？

在衣食住行"大民生"的各个领域中，正在崛起那些大家耳熟能详的产业中台。其中，美团外卖是餐饮领域的产业中台；滴滴出行是交通出行领域的产业中台；链家地产是房地产交易领域的产业中台；敦煌网是跨境电商领域的产业中台。

敦煌网是跨境电商领域的"基础设施"，是这个领域的"产业中台"，我们赋能跨境电商的小微企业、整合跨境电商产业链上的各个关键环节和服务，比如，店铺运营、流量营销、仓储物流、支付金融、客服风控、关检税汇等，这些内容是数以亿计的跨境电商小微企业迫切需要"产业中台"去赋能的地方。

2020年，对很多人来说，将是一个转折点。"生命不是等候风停雨住，而是学会在雨中起舞"。

在这里，我想说：

"每个人的生命中，都会出现最艰难的那一年，但努力挺过去后反而是一笔生命财富，帮你将人生变得美好而辽阔！"

感谢老农为大家提供了一本关于跨境电商的好书，祝大家创业成功！

王树彤

敦煌网创始人兼 CEO

2020 年 3 月 18 日

★ 前言 ★

　　随着全球化的深化与"一带一路"倡议的发展，贸易全球化趋势正在加强，各个国家都在积极抢抓这个绝佳的机遇，发展自己国家的全球化贸易。在这种情况下，跨境电商的地位得到了很大提升。人们在追求消费升级的过程中，带动了跨境电商的发展，也为众多跨境电商创业者、投资者带来了机遇。

　　本书注重实用性和可操作性，用通俗易懂的语言，系统全面地向读者介绍跨境电商的相关知识，将跨境电商流程中各方面问题提炼出来，为大家解决跨境电商发展中的棘手问题。

　　本书结构清晰，分为四个模块。

　　第一模块讲跨境电商平台，目的是让读者了解现在的跨境电商大背景，介绍现在主流的五个跨境电商平台的使用规则，并指导读者做好开店准备，了解如何借助当下跨境电商平台的优势创造价值。

　　第二模块重点讲当下跨境电商的关键流程（采购、物流、通关等），目的是解决在跨境电商的每一环节、每一流程中卖家可能会遇到的问题，为读者提供第一手的优质解决方案，以期在跨境电商的流程中实现零障碍。

主要讲解跨境电商如何获取商家和买家，如何提高自身店铺的核心竞争力、指导选品过程中应遵循的原则，并找到自己的能获利产品。在仓储方面，如何做到通过系统管理提高发货效率等。

第三模块讲跨境电商应遵守的合规性问题，目的是为读者规避跨境电商运营过程中可能出现的高频问题。详细讲解海外仓储知识，以及现在国际上常用的支付方式、物流方式等。

第四模块讲"一带一路"倡议下跨境电商的前景，使读者开阔视野，借着"一带一路"之风创造财富。

简言之，本书讲解了跨境电商运营全流程，为读者提炼了优质的跨境案例与方法，帮助跨境电商解决运营、仓储、物流等具体问题。

另外，本书采用图文结合的方式，帮助读者更好地理解晦涩难懂的理论知识，能更清晰地梳理知识点，从而实现在理解新概念的基础上，轻松阅读。

★ 目录 ★

第 1 章
传统电商如何转型跨境电商

第 2 章

亚马逊——以品牌为主导的跨境电商平台

第 3 章

eBay——由拍卖演变而来的跨境电商平台

第 4 章

Wish——移动端优先的跨境电商平台

第 5 章

速卖通——阿里巴巴的跨境电商平台

第 6 章

敦煌网——专注跨境批发的跨境电商平台

第 7 章

AI 翻译：解决语言的问题

第 8 章

采购：优质商品是核心竞争力

第 9 章

仓储：提高发货的效率

第 10 章

海外仓：本地下单，本地发货

第 11 章

支付：用最合适的方式拿到钱

第14章

出口：产品安全输出

第 15 章

"一带一路"，发展趋势：新时代下的新机遇

第 16 章

"一带一路"，各区域跨境电商介绍

附录

第 1 章

传统电商如何转型跨境电商

近几年，随着经济的发展，中国跨境电商交易规模不断扩大，进口交易规模占比高速增长，促使国内产业结构升级，传统外贸企业开始思考如何适应时代与消费者需求，纷纷尝试在转型中寻找新的发展思路。本章将帮助读者认识传统零售与跨境电商的区别，了解跨境电商会带给我们什么机遇和挑战。

1.1 跨境电商类型

跨境电商是指不同领域下的交易主体，通过电子商务平台进行交易支付，将商业以跨境物流的方式送往指定地点，从而完成交易的一种国际商业活动。按照商业模式进行划分，跨境电商可分为三大类。

1.1.1 C2C 跨境电商

C2C（Consumer to Consumer，C2C），即消费者对消费者，是消费者对跨境外贸活动中的消费者进行的网络零售商业活动。比如一个消费者有一部手机，通过网络跨境进行交易，把它出售给另一个消费者，此种交易类型就称为 C2C 电子商务。

目前，为人熟知的 C2C 跨境平台有：eBay、淘宝网、网易考拉、小红书等，用户可以通过这些网络交易平台进行商品交易。

1.1.2 B2C 跨境电商

B2C（Business to Consumer，B2C），即商家对消费者，是商家直接向消费者销售产品和服务的商业零售模式。在这种模式下，商家主要通过航空小包、邮寄和快递等物流方式向广大消费者销售个人消费品，目前大多未纳入海关登记。

目前，为人熟知的 B2C 跨境平台有：Amazon（亚马逊）、eBay、速卖

通、执御、环球易购、兰亭集势、京东、网易考拉、小红书等，用户可以
通过这些网络交易平台进行商品交易。

1.1.3 B2B 跨境电商

B2B（Business to Business，B2B），即商家对商家。它是一种新型的
商业模式，是指不同的企业之间利用专用网络来交换、传递数据信息，并
展开交易活动的模式。

B2B 将不同企业的产品及服务与客户紧密地联系在一起，利用网络的
即时性与迅速性提升客户对服务的满意度，进而推动企业发展。

在这种模式下，企业通常是在线上发布广告和信息，线下成交和通关，
本质上还属于传统贸易，目前已经纳入海关的贸易统计。

另一种线上交易的 B2B，以敦煌网为代表，中国的生产企业和批发商
通过这个平台，直接将货品以小批量、多频次的方式寄给别的国家的中小
零售商，是在传统 B2B 信息撮合基础上发展起来的在线 B2B 交易。

B2B 贸易网站是当下国际贸易中企业与企业之间进行产品、服务和信
息交换极为重要的平台。随着网络营销的不断发展壮大，B2B 网站在电子
商务中的重要性越来越大，全球各大 B2B 平台对国际贸易中网络营销的发
展发挥着至关重要的作用。

国际贸易发展如火如荼，B2B 贸易网站也如雨后春笋般越来越多。目
前在国际上使用人数较多的 B2B 贸易网站主要有以下几个。

1. 环球资源企业网

环球资源网的使用价格较其他 B2B 贸易网站略高，通常企业加入的年
费在 10 万到 20 万元。环球资源网的宣传渠道主要为展会、杂志、光盘等，
它比较擅长的行业是电子产品类和礼品类。

环球资源网的客户群以大企业为主，它对于买家的审核比较严格，在
其成交的订单中以大单占多数。

2. 阿里巴巴国际站

阿里巴巴国际站是最大的 B2B 平台，其续签率比较高，该平台上的中国供应商以中小企业为主。阿里巴巴国际站允许买家群发询盘，因此卖家之间价格竞争激烈，成交的订单利润会偏低。

3. 中国制造网

中国制造网在国内外主要靠口碑相传，广告投放力度较小，搜索引擎优化也很好。中国制造网的询盘不管是质量还是数量，在 B2B 平台中都值得称赞，适合小企业使用。

4. ECVV 网站

ECVV 是一个按效果付费的 B2B 平台，出口商使用 ECVV "按效果付费"服务后，只有通过 ECVV 网站受到有效询盘后才需要付费。

ECVV 网站只对出口商自主筛选后的有效询盘收费，所以出口商可以根据所收到的买家的大量询盘内容，判断出口商品是否为有效询盘。

5. 敦煌网

DHgate 是一个新兴 B2B 平台，主要面向中国中小企业。出口商在 DHgate 注册需要支付 999 元年费，每个店铺可以发布 2 000 个产品，一家公司最多可以开 10 家店铺。外商选购商品后先用 PayPal 或者信用卡付款给 DHgate，DHgate 通知出口商发货，外商收到货后检验无误，DHgate 再放款给出口商。

在交易中，DHgate 公司会根据不同的品类，向买家收取 10% ～ 19% 的交易费。因为 DHgate 基于买家的交易数据建立了一整套风控体系，所以大大降低了外贸欺诈等情况的出现。

在眼花缭乱的 B2B 贸易网站里，如何挑选最适合自己的网站无疑是一个出口企业要考虑的问题。大部分出口商认为，要选就选那些知名度最高、品牌最好、流量最大的 B2B 贸易网站，这其实是个误区，很多时候最好的不一定是最适合的，挑选 B2B 贸易网站应分析以下三个方面的要素。

（1）分析网站流量。在目前这个互联网高速发展的社会，一个网站能否成功就是要看它的有效流量和转化率，B2B 贸易网站也不例外。

选择一个 B2B 贸易网站，首先要看它的有效流量。有效流量越大，证明它的用户越多，出口企业的机会也相应越大；其次要看它的转化率，只有转化率高的 B2B 贸易网站，才能把有效流量尽可能多地转化为商业资源。

（2）分析流量来源。一个成功的网站＝有效流量×转化率，这个公式里用的是"有效流量"而非"流量"。站在出口企业角度看，如果一个 B2B 贸易网站的整体流量非常大，但对于出口企业产品的有效流量却不高，那也无济于事。所以 B2B 贸易网站的流量来源很重要。

阿里巴巴国际站作为世界级的 B2B 贸易网站，它的流量主要来自中国、印度、伊朗及美国等国家。据数据统计，阿里巴巴国际站的主要流量来源于 Google，也就是说，它的英文推广主要放在谷歌上。

如果出口企业的产品所面对的出口方向是印度、伊朗或美国等国家，那么阿里巴巴国际站对于该企业来说就是一个不错的选择。但是如果出口企业的产品主要面对非洲、欧洲及拉丁美洲等地，那么流量巨大的阿里巴巴国际站就不一定是合适的选择，这个时候出口企业应该选择主营方向与自己出口方向相匹配的 B2B 贸易网站。

（3）分析特定国家用户对 B2B 贸易网站的偏好。出口商不但要了解哪些 B2B 贸易网站适合自己，同时还有必要了解自己的目标客户习惯于使用哪种 B2B 贸易网站，只有做到双向了解，才能增加外贸订单的数量。

同样以阿里巴巴国际站为例，在谷歌上直接搜索网站可以发现，阿里巴巴国际站主要流量产生于孟加拉国、斯里兰卡、尼日利亚、巴基斯坦、伊朗以及智利等国家。

换个角度，如果出口企业与上述国家的贸易往来比较多，那么在阿里巴巴国际站上能够寻找到客户的可能性就比其他 B2B 贸易网站要大得多，反之亦然。

1.2 传统外贸与跨境电商的五大不同

跨境电商是区别于传统外贸的，两者之间有很大的不同。下面我们将从主体、环节、形式、税收、模式五个角度对传统外贸与跨境电商进行对比、分析。

1.2.1 主体不同：传统外贸主体是信息流，跨境电商主体是商品流

在电子商务交易中，包含四种基本的"流"，即信息流、商品流、资金流、物流。其中信息流的定义是指人们利用各种方式，达到信息交流的目的，使面对面的直接交谈转变成采用各种现代化传递媒介进行交流的过程，包括信息的收集、传递、处理、储存、检索、分析等内容。

与传统外贸不同的是，跨境电商的主体变成了商品流。商品流是指商品在销售与购买方之间进行的交易和商品所有权转移的运动过程，具体指的是关于商品交易的一系列活动。各要素的流动成本构成不同，其大小也不相同。

科学技术的发展和信息网络的建设使信息流流动成本比起以往都要小，速度也更快。因此，随着网络经济的到来和商务电子化进程，传统的资金支付方式、渠道，越来越不同于商品流的特征，在跨境电商时代，商家们利用网络将商品远销海外，因此，商品流逐渐成为跨境电商的主体。

1.2.2 环节不同：跨境电商压缩进出口成本，环节多样化

传统外贸企业中出口商向国外集中出口大量的商品后，在当地境内，商品的流通要经过企业的多级分销，最后到达消费者或企业手上，成本大

大增加，交易门槛抬高。

具体来说，传统外贸企业参与贸易时，需要经过生产制造企业、出口商、进口商、渠道商、批发商、零售商等环节后，才能到达客户，因此商品价格与原产价格相差很多，购买人数减少。尤其在东南亚、印度等地区，由于人工成本等原因，出口成本相对下降，这就给我国的出口造成了一定压力。

随着跨境电商的兴起与发展，客户通过跨境电商平台下单，跨境卖家可以直接将货发到客户手里，省去了中间环节，继而各国之间的商品得到了"公平的待遇"，能解决卖家库存、物流、清关等问题。另外，跨境电商以这样的方式可以摆脱传统单一的销售环节，利用各个电商平台的特性进行个性化销售，使出口或销售环节越来越多样化，有利于电商产业发展。

跨境电商通过这样的电子商务交易与信息服务平台，实现了多国企业之间、企业与最终消费者之间的直接交易，缩短了各环节的时间，实现了出口环节的多样化。

1.2.3 形式不同：传统外贸以线下交易为主，跨境电商多为线上

当前，传统外贸的形式依然以线下交易为主，包括展卖、加工贸易、补偿贸易、技术贸易等。随着近些年信息技术产业和互联网的快速发展，面对转型问题，传统外贸企业开始思考自身的思维模式、商业模式以及业务流程。

以线上为主要标志的跨境电商，成为当下传统外贸的"香饽饽"。

纽高新公司作为一家国际贸易公司，早期只做传统的 B2B 国际贸易。随着时代的进步，贸易数字化趋势越来越强劲，管理者们发现消费者的习惯发生了转变，线下贸易开始萎缩，订单逐渐减少，同时，线上的 B2B 渠道用户饱和度越来越高，产品同质化程度越来越高，线下客户的采购也越来越碎片化，小额采购成为主流。

这些都在昭示着传统外贸行业已经不再适合公司发展要求。除此之外，

他们也逐渐认识到如今的电子商务已经进入"大数据时代"，电子商务数据的积累和挖掘及客户沉淀才是企业发展的新动力。

于是，纽高新决定进行战略转型，大力拓展跨境电商领域。从线下到线上，仅用 3 年时间，从纯线下传统贸易到线上线下交易额占比各 50%。很多人感叹纽高新的过渡是如此顺利，成效是如此之好。

当然，并不是说传统外贸已经无法继续生存下去，相反在 B2B 模式中，传统外贸模式依然占有一席之地，只是随着时代的进步，需要转变思维，在新时代的大潮中找出路。

1.2.4　税收不同：传统外贸税种复杂，跨境电商税收比较简单

传统外贸税收涉及复杂的关税、增值税、消费税等，而跨境电商的税收则较为简单，一般只是行邮税。

1.2.5　模式不同：外贸电商多为 B2B，跨境电商则还有 B2C、M2C 等

传统的外贸电商基本采用的是商家对商家的 B2B 模式，而跨境电商根据自身特点采用的运营模式是商家对消费者的 B2C，比如亚马逊、速卖通等。近些年，M2C（Manufacturers to Consumer，M2C），即生产厂家对消费者的模式也在不断发展，如 ToBox。与传统的外贸电商所采用的"集装箱"式大额交易模式相比，跨境电商拥有很多优势。

（1）跨境电商 B2B 是小批量、多批次、快速发货。

（2）跨境电商能够满足中小进口商，其往往将大额采购分割为中小额采购，将长期采购变为短期采购，分散风险需求。与传统贸易方式相比，小额跨境外贸电子商务为其带来了更为丰厚的利润。

（3）电子商务作为信息技术与商务活动的最佳结合，通过高效获取信

息，及时便捷地与客户沟通，有效整合企业内外资源，在一定程度上帮助企业降低了运营成本、提高了运营效率、扩大了利润空间。

（4）欧美发达国家电子商务环境已经相当成熟，参与在线交易的企业众多，也为国内外贸企业电子商务提供了极佳的用户土壤。

（5）小额跨境外贸电子商务可以在一定程度上减免传统进出口业务流程中繁杂的环节及费用支出，加之在线支付工具的流行及跨境快递渠道的完善，使得绕开传统国际贸易中的诸多中间环节成为可能，并为小额跨境外贸电子商务创造了丰厚的利润。

1.3 转型挑战与机遇

在经济全球化大背景下，跨境电商发展可谓危机与挑战并存。在这个信息爆炸的时代，跨境电商令两大人群非常头疼，一是供应商，二是采购商。信息时代对跨境电商的发展而言，既是新的危机，又是新的挑战。

1.3.1 环节增加：国际物流、出入境清关、国际结算

物流问题一直是跨境电商要面对的最重要的问题之一，主要存在时间过长、距离过远、货物易损等现实情况。

（1）配送慢，成本高。跨境电商物流所面临的首要问题是速度与价格。当前，物流已不仅仅是运输，还包含了仓库存储等业务，成为现代化综合性服务产业。近些年，虽然我国的物流产业随着电子商务的热潮得到进一步发展，但相较于国外，国内物流行业发展较晚，且仍处在发展期，配套设施并不完善，如在国内的跨境电商包裹邮寄所有的快递公司中，邮政快递是占比最高的，从我国运达美国一般需要 10 ～ 15 天，运达其他更远的国家所用时间会更长。随之而来的是运费增加，物流成本占中小企业跨境

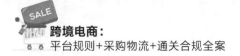

电商经营成本的比例居高不下。

（2）清关慢。清关即结关，是指在一国关境进出货物时，按照法律法规所履行的相应的手续，即在海关监管之下，办理海关申报、查验、征税、放行等手续，以使货物能够正常通行。

对快件清关来说，不同类型的邮件混在一起，无疑加大了清关难度，使得通关效率低下，成本上升。集货清关是先下订单后发货，需要在国外完成打包作业，由于国外人工成本高，打包成本也会水涨船高，另外，在国外发货，物流时间也会加长。而备货清关，即先备货，后下订单的模式，需要使用保税仓库，这样就会产生保税成本，备货也会占用资金。

跨境物流需要跨过出口国与目的国两方海关。在出口中，物流跨国最复杂的是目的国海关，可能会出现诸多问题，例如海关扣货查验，其处理结果只有直接没收、退回发件地或要求补充文件资料三种。无论哪种情况，都会提高时间成本，给卖家带来损失。

（3）国际清算。国际清算是根据清算协定，把双方的债权和债务都记入清算账户，定期进行结算，使收支达成平衡。两方或两方以上的债权债务，需要通过互相抵偿的方法进行国际间的结算。在现实交易中，国际清算环节是一个需要解决的难题。烦琐的环节只会让物流效率降低，使买家对购物的满意度降低。

以上问题是每一个跨境电子商务企业都要面临的挑战，同时在挑战中也蕴含着机会。

国外不稳定的物流体系，使国内的跨境电商平台环球易购在海外的发展遭遇了"瓶颈"。由于日益成熟的电商环境，买家对电商平台提供的服务要求越来越高，在部分国家或地区，产品物流是否便捷快速已经成为买家选择购买产品的重要影响因素。

而国内的电商平台想要在海外地区实现物流本地化的过程难，建立物流网络需要庞大的资金和当地的物流基础条件，这已经成为国内出海电商平台在海外发展过程中的一大挑战。

1.3.2   不稳定的物流体系

在跨境电商的整体交易环节中，物流成本一般占总交易成本的20%～30%，物流服务商也是整个跨境电商生态链条中占比最大的一个群体。跨境电商企业必须面对物流成本大幅上涨、邮政小包集体涨价等问题，这一系列问题加剧了国际物流业发展的严峻形势。

当前，跨境电商常用的国际物流方式之一就是小包。一方面，跨境小包的门槛很低，限重 2 千克，这也就意味着，如果你的商品是一副墨镜、一条裙子或者一副耳环，都可以轻轻松松被小包送走，而不受"重量段"的限制。因为买家多为零散的 C 端（消费者），因此，小包自然承担起了"快、小、少"的运输任务。另外，跨境电商小包范围广，全世界有邮政的地方都可以寄到。

然而，小包有一个致命弱点就是时效。下单、分拣、打包的具体时间，中转的定位，运输方，指定的派送快递员等一系列问题，小包都无法实现，除非是用有物流信息的 E 邮宝来解决。

这些"小包"生意就目前发展状况而言已经难以为继。比如邮寄一顶帽子，采购价格是 20 元，在 eBay 上售价 6 美元，按照平均汇率是 38 元，它的重量加上外包装一共 300 克，邮费是 20 元人民币。这样一来，这家电商企业就毫无利润可言了。

跨境电商这种小包"类倾销式"物流模式，虽然很便宜，承担了大量的跨境物流业务，但事实证明，这种形式也大大损害了消费国物流商和卖家的利益。俄罗斯、阿根廷等国的海关已经有所行动，他们拦截了大量的跨境包裹，欧盟也开始在税收方面对小包有所行动。在这种严峻形势下，"小包"已经无法满足大部分卖家的需求。

1.3.3   市场规模大，增长率高

在国内整体消费升级的背景下，市场需求的不断扩大也为跨境带来了机遇。在出口商方面，由于信息技术的普及，欧美等发达国家和地区、部

分发展中国家完成了国内互联网的覆盖，第三方软件与物流的配套服务系统的成熟使网购的需求不断扩大，传统外贸企业落后于时代脚步，从而互联网销售或电商成了主要销售渠道之一。在庞大的市场运作下，电商以惊人的速度在发展。

中国电子商务研究中心近期发布的数据显示，2017 年中国跨境电商市场交易规模达到 8 万亿元，2018 年达到 9.1 万亿元，2019 年达到 10 万亿元，预计 2020 年我国跨境电商交易额将达到 12 万亿元，三年复合增长率为 16%，渗透率达 37%，跨境电商迎来了市场机遇，未来随着跨境电商在物流与供应链上的不断发展，市场前景广阔，如图 1-1 所示。

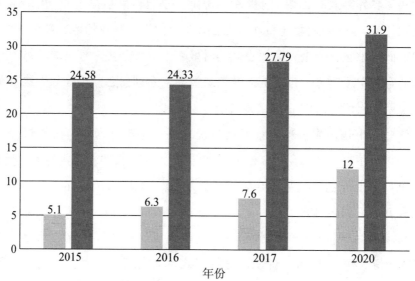

图 1-1　近年中国跨境电商交易规模与出入口总额

埃森哲咨询公司和阿里研究院最新报告预测，2020 年，全球超过 9 亿人都会跨境购物，最大的市场将会是中国。国内消费者购买进口消费品的需求，在接下来的几年将会被逐渐释放，并趋向平稳。走出去拓展海外市场将成为国内电商企业的重要任务。

目前，部分跨境电商企业已经成功拓展到了欧美、拉美市场。在将海外营收占比提高到 50% 的目标下，天猫在"双 11"启动了"全球化 2.0"，带领商家集体出海。

随着国家经济的发展与人们生活水平的提高，中国消费者的购买力也在不断提高，而如今市场的消费主力已逐渐过渡为"80后""90后"群体，他们的消费观念较为超前，对跨境商品消费需求明显，不仅拉动了国内市场，也带动了整个世界的经济发展。未来中国跨境海淘的用户规模将进一步扩大。

兰亭集势曾是海外市场最被看好的跨境电商平台，然而这两年在海外也遇到了市场发展问题。海外市场的市场规模在成倍加大，各大电商平台间的竞争加剧，稍有不慎就会被当地市场踢出局。

兰亭集势的平台特点是通过销售价格低廉的产品来吸引买家产生购买行为。这样的竞争优势在激烈的市场竞争环境下不再明显，其他电商平台也在推出价格低廉的产品，抢走了兰亭集势的原有市场份额，使得平台客户流失严重，兰亭集势遇到了新的挑战。

第2章

亚马逊——以品牌为主导的跨境电商平台

电子商务鼻祖——亚马逊，作为最早开始从事电子商务，也是美国最大的跨境电商公司，经过二十多年蓬勃发展，相继拓展了Kindle、网络服务、Project Aria、Prime Music、Amazon Fresh、街头便利店、家政服务、实体书店、杂货店、无人机快递等业务。

亚马逊的成功，值得各大跨境电商企业深入研究。本章将从几个方面对亚马逊的跨境电商模式与经验进行深入探讨。

2.1 在亚马逊注册开店的三种途径

亚马逊多年营造的口碑与人气，一直稳居于世界各电子商务网站之首，在 2019 世界品牌 500 强名单中，亚马逊排名第一位。电子商务中有一句话叫作："不知道亚马逊，别说在玩电子商务。"那么，该如何注册亚马逊来经营店铺呢？

2.1.1 自注册：条件 + 流程

目前，在中国以个人身份或企业身份都可以在亚马逊注册开店。

以个人身份注册需要准备以下资料：

（1）双币信用卡（扣店铺月租，建议用 VISA 或 万事达双币信用卡）。

（2）独立电脑及网络（干净的，没有登录过亚马逊卖家账号，也没有登录过买家账号）。

（3）邮箱（注意：计算机、网络，还有邮箱都建议专号专线专用，邮箱不要与 eBay 等其他渠道混用）。

如果是通过亚马逊招商经理申请，还需要提前准备好以下资料（主要针对企业）：

（1）企业营业执照扫描件，注册亚马逊欧洲站需要额外资料。

（2）个人账单（银行账单、通讯账单、水电煤气账单等，需要有个人名字及地址，且是最近三个月的）。

（3）企业账单（最近三个月的银行账单、通讯账单、水电煤气账单等，需要有企业名称及地址）。

（4）护照或者身份证＋户口单页的扫描件。

（5）其他亚马逊所需要资料，比如做欧洲海外仓或FBA，还需要VAT税号。

之后，在亚马逊网站申请账号的流程是什么呢？

（1）进入亚马逊网站，选择右上角的免费注册，如图2-1所示。

图2-1　注册第一步

（2）根据引导填写注册信息，如图2-2所示。验证邮箱，待成功后即可成功创建账户。

图2-2　创建账户

以上为亚马逊买家账号的注册，下面来谈一下卖家注册需要注意的问题。

卖家想要在亚马逊网站注册账号，首先需要一根拥有独立IP地址的网线，还需要一台独立使用的计算机。因为亚马逊对于卖家账号存在一定的监控行为，如果卖家存在多账号操作，很容易被亚马逊发现，从而会使某个账户被关闭。

其次，卖家需要提供一张 VISA 或者 MasterCard 的信用卡以及一个有效账单地址。这张信用卡的主要目的是激活卖家的亚马逊账户。

另外，卖家需要一部手机或座机，因为在进行账户注册的时候，亚马逊会给卖家发送验证信息，因为某些手机存在问题，在接收验证信息的时候，可能会出现输入了验证码但却显示无效的情况。这个时候卖家需要立即更换其他电话或座机进行验证，亚马逊的注册验证只有四次机会，如果卖家验证次数超过了四次，就会被冻结 12 个小时，12 个小时后才可以再次进行验证。

注册的时候亚马逊有一些产品类别是受限的品类，如汽车或摩托车配件、服装饰品、收藏品、书籍、珠宝、玩具、游戏等。

再次是注册成功之后的销售问题。亚马逊遵循的理念是"重商品，轻店铺"，在实际操作中也是按照这个标准执行的，所以卖家不需要将大量精力花费在店铺设计上。

最后是卖家对供应链的管理。如果产品的体积较小，那么可以考虑选择中国仓，如果是较大体积的产品，那么就需要考虑海外仓，因为运费的考核标准中有产品的体积以及重量。较大体积的产品可以选择亚马逊 FBA 进行仓储、配送，因为 FBA 的价格要比其他快递低很多。

2019 年 4 月亚马逊宣布停止向第三方服务，电商业务退出中国，使注册流程得到了很大的精简。需要注意的是，只要注册成功，就不能再对接对应的招商经理，并转化成亚马逊全球开店的账户，并且也不能享受亚马逊全球开店项目。

2.1.2 全球开店项目：方式+流程

在亚马逊全球开店流程中，只需要在其中一个站点注册，其他站点就会自动开通。下面以注册北美站点为例。

（1）填写姓名、邮箱地址、密码，通过邮箱验证，创建新用户，如图 2-3 所示。

图 2-3　创建账户

（2）填写法定名称，勾选卖家协议（如有问题请点击左下方"获得支持"），如图 2-4 所示。

图 2-4　勾选卖家协议

（3）填写地址、卖家名称、联系方式，进行电话／短信认证，如图 2-5 所示。

（4）填写信用卡卡号、有效期、持卡人姓名、账单地址，设置您的收款方式，如图 2-6 所示。

（5）设置存款方式，共有三种方式完成北美商城存款方式的设置，如图 2-7 所示。

图 2-5　填写信息

图 2-6　填写信息

图 2-7　设置存款方式

（6）纳税审核，如图2-8所示。

图 2-8　纳税审核

（7）确认公司或个人非美国身份，如图2-9所示。

图 2-9　确定身份

（8）选择受益人性质（公司或个人），如图2-10所示。

图 2-10　受益人性质

（9）签名。

2.1.3　代理服务商注册要点

亚马逊开店代理流程适用于拥有营业执照的企业卖家，个人卖家可以联系客服。

第一步，使用手机扫描开店代理的二维码，进入亚马逊全球开店登记表。

第二步，填写你公司的名称、你的姓名、手机号码和邮箱。注意邮箱一定是常用的，因为开店成功后，这个邮箱会接收所有与亚马逊有关的邮件。

第三步，填写公司目前主营产品、目标国家和年销售额。

第四步，填写几个多选项问题：①您所在公司是否获得过企业体系认证；②在过去三年，您所在公司是否为大型零售商供货；③在过去三年，您所在公司是否为国内及海外著名品牌代加工产品。填写完成后点击"提交"按钮发送给招商经理，大概在 24 小时之内就会有审核结果。

 2.2　亚马逊详细介绍

亚马逊作为一个世界级电商平台，目前平台商品数量多达 10 亿，网站月访问量超 1 亿，全球用户 3 亿多，无论是世界各地哪个市场，从流量角度来看，亚马逊都是跨境电商卖家首选平台。

2.2.1　亚马逊四大主站点分析

亚马逊目前业务范围主要分布在北美、欧洲、日本、澳大利亚四大区域。

1. 北美站

一次注册同时开通美国、加拿大、墨西哥站点，商品接触每月超 9 500 万北美客户，根据 2018 年 1—6 月美国货物贸易及中美双边贸易概况调查，中国商品位于美国进口总额第 1 位，2018 年 1—6 月美国自中国的进口额为 2 497.4 亿美元，增长 8.6%，占美国进口总额的 20.2%，如图 2-11 所示。

图 2-11　美国进口中国商品

美国消费者购买过的跨境电商所在地中，中国位居榜首（56%），其次是英国（27%）以及加拿大（20%）；而在打算购买的跨境电商所在地的数据中，中国也位居首位（72%），其次是英国（68%）和澳大利亚（52%）。

亚马逊在美国最受欢迎的 TOP10 网站中排名第一。该网站平均每月流量约 17.8 亿，所占流量份额达 54.1%。截至 2019 年 1 月 30 日，Prime 会员数量超 1 亿，Prime 会员占美国站顾客 50% 以上，且 75% 中产家庭购买 Prime 会员，Prime 客户的平均花销是非会员的 2 倍，蕴含巨大购买潜力。在 Prime Day 会员日、黑色星期五、网络星期一等节日流量档期，企业可快速打造爆款，提升销量。

2. 欧洲站

欧洲五国的总人口数量众多。2019 年，欧洲已拥有超过 3.6 亿的网上购物用户，市场规模堪比北美，销量已超过美国。然而相比北美，欧洲依然是蓝海市场，业务发展潜力大。

欧洲站拥有更加多样化的亚马逊物流服务方案，多种欧洲亚马逊物流服务能够将库存货物分配到离顾客最近的运营中心，成本低，配送快。同时，亚马逊物流还能以当地语言提供顾客服务及商品退换货服务。

亚马逊在欧洲拥有高知名度、高访问量和海量顾客群，这些都将帮助我们在欧洲地区开疆拓土,能够为商品带来更高的曝光度。

亚马逊为欧洲地区提供了欧洲联合账户系统,只需一个销售账户,即可创建并管理面向英国、法国、德国、意大利和西班牙的多个商品目录。

同时,建立国际商品信息工具,可以帮助创建并同步欧洲多个地区的商品目录,一键设置定价规则,还能同步管理五国业务,一国入仓五国销售。亚马逊在欧洲七国拥有运营中心,可将商品配送到欧洲各地,推动业务增长。

企业应利用欧洲的假日季节和高峰销售时段,增强业务现金流,保护商品销量免受其他市场销售淡季的影响。

3. 日本站

日本是世界第三大经济体,总人口 1.28 亿,互联网覆盖率达 93%,其中 70% 的买家在线购物,移动端月访问亚马逊日本站用户约 3 296 万,月流量约 10.8 亿次;PC 端月访问亚马逊日本站用户约 1 624 万,月流量约 10.4 亿次,PC 端的浏览量在电商网站中排名第一。

日本站对中国卖家开放较晚,但竞争仍不饱和,市场机会众多。日本站 52% 的消费来自中高收入人群,年收入在 500 万日元(约合人民币 30 万元)以上,其中 10% 的人年收入在 1 000 万日元(约合人民币 59 万元)以上,蕴含巨大消费潜力。

中国商品在日本广受欢迎,进口总额连续多年位居第一。地理位置上靠近中国,物流费用较低,拥有相较欧美站点更低的物流费用及退货率。

4. 澳大利亚站

澳大利亚人口约 2 400 万,网民人数占比为 90% 以上,智能手机覆盖率居世界前列,达到 78%,超 80% 的消费者在跨境电商购物,远超全球平均值 51.2%,跨境消费率世界第一。

随着电商业务持续增长,澳大利亚电子商务持续保持两位数增长态势,未来仍有很大增长空间。2017 年澳大利亚网络零售销售额突破 100 亿美元,占销售总额的 6.6%。

2018 年 1—8 月，澳大利亚自中国进口 348.9 亿美元，增长 14.6%，占澳大利亚进口总额的 23.2%。截至 8 月，中国仍为澳大利亚最大贸易伙伴，同时继续保持澳大利亚第一大出口市场和第一大进口来源地的地位。

2.2.2　亚马逊搜索排名规则

在亚马逊电子商务中，排名类型包括相关排名、折扣排名、上架时间、最高（低）价排名以及特殊的 Buy Box 排名等，主要分为两种，分别是搜索排名和类目排名。

因为一般 70% 的顾客不会看搜索页面的第二页，所以在亚马逊销售竞争的过程中，竞争较为激烈的当属搜索页面的排名。

一般来说，搜索排名靠前的是亚马逊自营或者是选择 FBA 配送的卖家，亚马逊对于支持亚马逊物流的产品会优先展示。另外，亚马逊排名规则还受销量、好评率和绩效指标三个因素的影响，若此三个指标表现出色，排名也会自动靠前。

亚马逊每小时更新一次搜索排行榜，从亚马逊算法角度观察，销量多的产品就是顾客最需要的产品，因此相应的排名也会提升。

那么究竟该如何提高产品的排名，以取得更大的竞争优势呢？

1. 问答区

在亚马逊平台上，每一个商品网页中都存在一个问答区域，该区域是买家对商品的相关提问，通过问答区可以帮助潜在买家更加全面地了解商品。在此区域中，回答问题的一般是其他买家，通过他人的问答讨论来获得对商品更加深刻的认识，也显示了商家的服务态度。

虽然，亚马逊从来都没有表示问答区在搜索排名中占有重要的影响地位，但事实上问答区答案的丰富性能为买家提供相应的购买情报，因此卖家重视问答区的运用，将会使自己的商品更具魅力，促使买家消费行为的产生。

2. 价格

在产品价格方面，买家为确保自己的产品在价格上有足够的吸引力，可以尝试使用自动定价工具，了解市场价格。在平台上要卖更多的产品，就需要高转化率的产品排名靠前，虽然转化率并不可控，但通过价格上的优惠，可以提高产品的吸引力。

3. 产品信息

如果在平台上一个商品的描述不完整会如何？买家作为处于信息盲区的一方，只有通过对产品的名称、描述、图片介绍等，来具体了解产品是否符合自身的预期。如果买家看到的产品信息不完整且不具备吸引力，就不会购买。

只有通过描述，亚马逊平台才能运用自有算法识别出该产品属于什么种类，以进一步分类，方便买家购买。除描述之外，卖家还需要精心设计产品关键词，做好搜索优化。另外，实事求是地填写产品参数，以防止不符合买家的期望而产生差评现象也是非常重要的。

2.2.3 亚马逊的开店条件

亚马逊为了保证产品质量，对入驻卖家审核较为严格，并且亚马逊的卖家申请流程通常情况下 3～6 个月会进行一次小修改，以使注册流程更符合时下的环境。

作为一个电商，应具备的最基本的能力就是为消费者提供产品发票以及全国配送服务，亚马逊对于入驻卖家的要求也是如此。

除此之外，亚马逊还制定了一系列注册卖家需要提供的证件。无论卖家销售的产品是什么，想要注册成功，首先要提供企业营业执照副本、国税税务登记证以及商品品牌资质三个证件。

根据卖家销售产品的具体分类，还需要提供不同的产品证明。图书类实行邀请入驻政策，卖家需要接受承诺函，并且缴纳一定的保证金；美容化妆类卖家需要提供化妆品生产许可证、委托加工协议，如果卖家销售的化妆品为特殊化妆品，需要提供食药监注册证书，如果是普通化妆品，则需要提供食药监备案证书。

个人护理健康类针对不同具体类别有不同的要求，比如消毒类需要消毒产品生产企业卫生许可证、委托加工协议；营养食品类需要食品流通许可证或食品经营许可证，食品生产许可证、委托加工协议、入网食品经营者档案、国产保健食品批准证书以及食品批次检验报告等。

电商平台通常都会在注册卖家账号的时候对卖家经营信息进行考核，这是对消费者负责的表现。平台很少会限制卖家注册账号的个数，也就是说，一个卖家可以对应多个店铺。

但亚马逊对于这种多账号关联的态度是坚决打击的。为了能够营造出"重产品，轻店铺"的氛围，亚马逊对同企业、同类型产品开设多个店铺抱有零容忍的态度。亚马逊会利用技术手段分析卖家的注册信息、产品信息、账号密码等，对卖家进行综合性判断。

但这种关联并非是绝对的，如果卖家两个店铺出售的产品类别不同，亚马逊一般不会关闭卖家的账号。

2.2.4 亚马逊的收费明细

1. 平台订阅费

北美站 39.99 美元 / 月

欧洲站 25 英镑 / 月

2. 产品佣金

产品佣金，之前的表格是 5% ～ 15%，目前能够做的主要产品，其实都是 15% 的佣金。

一笔订单，假设售价 100 美元，能够存入亚马逊后台余额的，是 85 美元，亚马逊会直接先扣除属于平台的费用。

自 2018 年 2 月 1 日起，亚马逊依品类增设了最低销售佣金。亚马逊将对订单中每件商品单独计算佣金，当商品按照所销售品类佣金比例收取的佣金小于最低销售佣金时，亚马逊将按照最低销售佣金进行收取。如表 2-1 所示。

表 2-1　亚马逊商品保证金与佣金

商品分类	保证金	销售佣金百分比	最低销售佣金
图书	20 000 元	12%	3.9 元
个护健康	30 000 元	8%	6 元
美妆	30 000 元	8%	8 元
玩具	30 000 元	10%	5 元
母婴用品	30 000 元	10%	7 元
酒水	50 000 元	10%	5 元
食品饮料	50 000 元	8%	5 元
大家电	50 000 元	4.5%	43 元
手机通讯	50 000 元	4%	91 元
摄影摄像	50 000 元	4.5%	28 元
家庭影音	50 000 元	4.2%	50 元
数码电子及其他	50 000 元	4.2%	27 元
个人及平板电脑	50 000 元	4.2%	57 元
手机配件、数码电子配件、大家电配件	50 000 元	12%	5 元
摄影摄像配件、电脑配件、家庭影音配件	50 000 元	12%	6 元
办公用品	50 000 元	8%	5 元
办公耗材	50 000 元	12%	4 元
乐器	—	10%	6 元
家居用品、家居装修	10 000 元	10%	7 元
运动户外休闲、汽车用品	10 000 元	10%	8 元
服装、厨具及小家电	10 000 元	10%	9 元
鞋靴、箱包	10 000 元	10%	11 元
钟表	10 000 元	12%	19 元
珠宝首饰	10 000 元	15%	6 元
金条、银条	10 000 元	5%	—

3. 广告费用

总广告费 = 每点击成本（Cost Per Click，CPC）× 点击次数

要想订单更多，就需要更多点击，那总广告费就要增加。如果不想增加广告费，就得控制 CPC 了。

广告投入表现 = 广告费 / 销售额

广告费 =CPC × 点击次数

销售额 = 产品单价 × 销售数量

销售数量 = 曝光 × 点击率 × 订单转化率

广告投入表现 =（CPC × 点击次数）/（产品单价 × 曝光 × 点击率 × 订单转化率）

促销费用：促销的比例，比如 10%，就是付出了 10% 的销售额用于促销。

秒杀活动：平时 150 美元 / 次活动，旺季 300 美元 / 次活动。

4. 物流费

FBA 是亚马逊物流配送的方式，其费用为头程费用 +FBA 物流配送费 + 月仓储费 + 库存配置服务费。

亚马逊物流配送费，一般指的是按件收取的费用，价格是按物件的尺寸与重量进行计算的。如果是一个 2 磅以内的标准商品，那么就是 3.96 美元 / 件。不同的时期物流配送费用会有所调整，然而自 2019 年，亚马逊提高了配送费，并取消了淡旺季的区别。随着整体费用的上涨，之前 3.96 美元能购买的产品，现在要收取 4.71 美元。

亚马逊月度仓储费根据产品尺寸进行划分，可分为标准尺寸和超标准尺寸；根据性质划分，又可以分为媒介产品和非媒介产品。使用 FBA 仓服务，需要按每月每立方英尺交纳费用。旺季一立方米一个月需要 82.9 美元，若库存周转率良好，则产品只需要支付一次月度仓储费，一个大件产品，一个月一般需要 0.7 美元。

除月度仓储费外，亚马逊还会向在亚马逊仓库里存储至少 6 个月的商

品收取每年两次的长期仓储费。若商品存放在仓库达到 6 ～ 12 个月，则每立方英尺的仓库费用为 11.25 美元；如果在仓库里存放了 12 个月或更久，那么每立方英尺的费用则是 22.50 美元。

此外，还可能产生库存配置服务费，也就是合仓费用。亚马逊会将订单商品随机分仓到多个仓库。亚马逊默认是分仓的，如果设置了合仓，亚马逊将按件收费，具体费用取决于选择的目的地的数量。

2.2.5 亚马逊的退货政策

关于亚马逊海外购的退货流程，每一个地区和国家的政策各有差异，下面以美国 / 日本两国的退货流程为例进行说明。

（1）在"我的订单"中选择需要退货的亚马逊海外购订单，点击"需要退换货"按钮，如图 2-12 所示。

图 2-12　需要退换货

（2）选择退货商品的数量以及退货原因。

（3）确认退货方式及上门取货地址。系统会根据选择的退货原因提示您需要支付的退货运费，并计算出预估退款金额。

核对上门取货地址，确认无误后点击提交按钮，进入申请退货流程，如图 2-13 所示。

（4）打印退货标签。请点击"打印退换货标签"按钮，将打印好的退货标签放入您的退货包裹内，待配送员上门取货时一并交付，如图 2-14 所示。

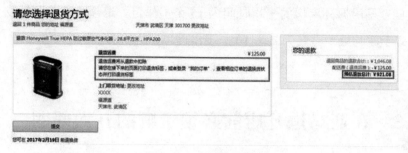

图 2-13　选择退货方式

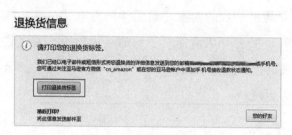

图 2-14　退换货信息

（5）提交清关信息。所有海外退换货都需要退回亚马逊海外库房，根据中国海关的要求，需要提供有效身份证信息用作清关。亚马逊授权的承运商易客满，会在成功提交退货申请的 24 小时内，通过邮件或短信方式通知去易客满官网上传清关信息。

（6）约定上门取货时间。收到准确有效的清关信息后，易客满会委托配送员通过卖家提供的手机号联系并安排上门取货时间。届时，要保持电话畅通。

（7）准备退货包裹。配送员上门取货前，要将含有扫描码、商品描述及商品数量的退货标签与退货商品一起放入包装箱或包装袋内。注意，配送员不提供任何商品包装服务。

（8）退货运费扣除。配送员上门取货时，你不需要支付任何退货运费。注意，如果因非商品质量原因办理退货，您将需要承担国际退货费用，该费用将会从您的商品退款中直接扣除。

（9）等待退款。亚马逊海外购商品在送达后的 30 天内，在商品完好、未经使用或损坏、附件齐全的前提下，可申请办理退货。退货商品从中国

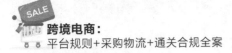
退运回亚马逊海外库房的平均时间为 15 个工作日。退款将退回到原支付账户。退款平均处理时间为 3 ～ 10 个工作日。

2.3 在亚马逊开店前必须了解的五大问题

初次接触亚马逊平台的卖家，最关注的应该就是开店的问题。本节将介绍卖家在亚马逊平台开店前需要了解的五大问题。通过这些问题，卖家可以清楚地知道自己开店需要注意什么，从而能够规避很多不必要的麻烦，成功运营自己的店铺。

2.3.1 个人卖家账号和全球开店账号有什么区别

2012 年年初，亚马逊的全球开店模式正式引入中国，这是亚马逊对中国市场的一个战略部署。通过这种方式，国内电商可以在亚马逊平台上与海外买家直接进行交易，众多国内卖家开始进驻亚马逊全球平台。

由于全球开店账号只接受企业入驻，因此需要对卖家的企业进行审核。审核的主要目的是筛选出优质卖家进驻平台，并防止不良卖家入驻扰乱市场。如果企业通过亚马逊的审核，就会收到注册邀请，通过注册邀请，并使用一张 VISA 或 MasterCard 信用卡即可注册为亚马逊卖家账户。

值得注意的是，因为全球开店只是亚马逊的一个项目名称而已，注册亚马逊卖家账号需要分站点注册，所以卖家注册的全球开店账户并不是实际意义上的"全球店铺"，只是不同国家和地区站点下的账户。

那么个人卖家账号与全球开店账号有什么区别呢？

1. 功能不同

自注册用户分为企业账号和个人账号，自注册企业账号以及全球开店账号在后台的操作界面是一致的，自注册个人账号功能多数不如全球开店账号，比如：全球开店账号会有专门的客户经理进行全程指导，一般而言，注册账号所需时间为 5 ～ 10 分钟，卖家在此过程中遇到任何操作问题，均可向线上经理求助。

全球开店账号自建 listing 可使用 3 个月的购物车功能；全球开店账号可申请各站点秒杀活动，亚马逊每日都会推出秒杀活动，秒杀活动对卖家而言，一方面可以提升短期内的销量，另一方面可以提升自己品牌的曝光。自注册之日起，卖家除非表现突出，收到亚马逊申请邀请，否则是没有申请渠道的。

而对于全球开店的卖家，只要符合 FBA 库存数目、销售价格及店铺绩效等要求，即可通过客户经理申请。

2. 审核难度

企业账号或全球开店账号注册的审核过程，比个人账号更加严格，要求也更高，一般的审核时限会长于个人账号，如个人卖家账号的申请审核最快半小时即可，而企业卖家在美国站注册，要半个月左右。

3. 账号安全性

由于亚马逊非常重视消费者的消费体验反馈，因此会对卖家进行严格要求，如果卖家销售情况糟糕，被买家投诉，或是有账号关联问题，都会受到平台的封号惩罚。

据统计，在亚马逊平台，个人账号的封店率高于 56%，账号一旦被封，就意味着前期培养的 ASIN、店铺累计的绩效作废，同时买家的任何退款请求，平台都将无条件支持，这对卖家非常不利。相比之下，全球开店账号安全性更高，封店率小于 9%。

从实际情况来看，全球开店账号或企业账号比起个人卖家账号有很大优势，但审核要求也会更高。卖家需要根据自身情况，斟酌作出适合自己的选择。

2.3.2　哪些类目必须通过分类审核才能在亚马逊上销售

亚马逊的卖家都清楚，在亚马逊平台上，有一些类目需要进行分类审核，为什么需要进行分类审核？哪些类目需要进行分类审核呢？

亚马逊对于一些品类非常重视，希望通过对这些品类的严格把控，使买家能够获得高质量的消费体验，为此亚马逊会通过分类审核，筛选出一些有一定优势且遵守平台规则的优质卖家出售此品类产品，以满足买家需要。

以下情况发生时，需要做分类审核。

（1）品牌名的位置。品牌名在产品标题的上方时，就需要做分类审核；如果产品所在品类不需要分类审核，那么产品的品牌名应在标题下方显示，且标题前还会有两个字母"By"。

（2）同类产品跟卖。在亚马逊前台首页搜索同类产品能否跟卖，若不能则说明这些产品所在的分类也是需要进行分类审核后才能销售的。

（3）通过查看亚马逊后台可以直观地看到需要分类审核的类目。

（4）参考各分站所列出的分类审核的类目。

卖家有时会发现，有的类目需要做却没做分类审核，但在后台上传产品的类目里能找到它。原因是需要审核的产品里，有少部分子类目是不需要分类审核的，其属于开放类目。

2.3.3　要不要在亚马逊注册国际商标

究竟要不要注册国际商标？有的卖家觉得没必要为花费上千元的商标注入心力，有的卖家觉得自身的产品没有形成品牌效应，感觉国际商标距离自己很远。事实上，在亚马逊平台上做生意，每一个卖家都需要了解国际商标的知识。

亚马逊是美国的一家互联网企业，要想在亚马逊平台上走得长远，就需要尊重美国的知识产权法律，学习相关知识。亚马逊一直在鼓励卖家或企业走品牌化路线，并给予了相当多的政策支持。平台上的大卖家多数都已经注册了国际商标，现在，注册已经成为一种趋势。

那么，在亚马逊平台上注册国际商标有什么好处呢？

1. 规避风险

如果卖家遇到某个产品被平台要求下架，被用户投诉，或者系统检测到该产品是 Inauthentic 的，那么就需要提交采购单据、发票等凭证来证明产品的合规性。如果注册了国际商标，就可以通过申诉说明自身已经注册国际商标，以此证明不存在侵犯别人权益的行为。据数据显示，90% 的新手卖家都会因为商标侵权而遭到封号。

2. 捍卫权益

由于亚马逊的系统允许跟拍，导致跟拍现象泛滥，往往使自己的品牌或权益受损。如果因为他人的跟拍导致品牌效应大打折扣，那么及时注册商标就很重要了。注册商标后，卖家就可以进行 GCID 品牌备案，如再出现跟拍现象，卖家可以对其发起警告或直接投诉对方，捍卫自身的权益。

跨境电商企业要寻求有效的国际商标注册方法，提前进行商标检索、咨询专业人士意见等，尽可能规避商标注册风险。

3. 形象

注册国际商标可以增强买家对产品的信赖感。当买家看到店铺中的产品都是自产的，卖家的品牌形象就会深入买家的心里，产生潜移默化的品牌价值影响。

综上所述，卖家需要根据自己的产品制订品牌计划，注册国际商标，以利于店铺未来的发展。

2.3.4 亚马逊账号被封的主要原因有哪些

亚马逊账号被封指的是亚马逊停止卖家在平台上的销售权限，其中多

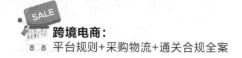

数封号是由于卖家违规操作造成的，下面列出几点常见的封号原因。

1. 账号关联问题

如同一个 IP 地址登录两个或者两个以上的账号，注册信息重复会导致账号被无故关联，被亚马逊系统判定为关联。这就需要卖家一个账号只用一个 IP 地址、一个 PayPal、一个邮箱等，同时网卡 MAC 地址最好是动态的，并注意 cookie 的痕迹，因为系统也会根据卖家使用互联网的习惯来判定是否关联。

账号中的两个产品相似度达到 30% 以上也会被判定为关联，一般情况下，平台会要求卖家关闭其中的一个账号。同一个人操作多个账号，因为操作习惯的相似，被平台检测到也会直接判定为关联。

多账号操作时使用相同税号，或者存在使用相同收款账号的情况，仍然会判定为关联，并被封号。

2. 跟卖侵权

众所周知，跟卖一款好的产品，可以很快给跟卖者带来大量的订单，但是一旦卖家跟卖侵权，就会受到平台的封号惩罚。在这种前提下，即使卖家要跟卖，也需要提前观察对方有没有注册商标或者相关专利。如果卖家因跟卖受到了平台警告，或是被对方投诉，那么就会被系统认定为侵权，直接封号。

3. 买家评价

在亚马逊平台上，差评过多的店铺是非常危险的，随时有可能被封号，但一般通过申诉是可以解封的。

4. 认证问题

有些产品需要取得相关认证才能在一些国家销售，如产品授权认证、安全认证等。在欧洲站，电子产品等必须要取得 CE 认证才能销售。

5. 图片问题

部分卖家认为在产品图片上花费心思，就能留住买家，利用一定的消费心理学来诱导买家，使得图片失真，而这样的行为如遭到举报，会被立即封号。

6. 账号表现

平台对账号的表现，主要考核以下几点：订单缺陷率要小于 1%，买家购物取消率要小于 2.5%，延迟发货率要小于 4%，有效追踪率要大于 95%。如果没有达到这几点要求，卖家将会被判定为账号表现差，进而受到警告，甚至是封号。

7. 卖家操作评价

如同国内淘宝网一样，亚马逊也存在刷单现象，平台对待这种行为一直是零容忍的，如有发现就会被封号。

8. 关键词

关键词相似也会引起平台的注意，所以卖家在发布产品时，应仔细检查标题的关键词，不能使用其他卖家的品牌名称。

卖家需要严格遵守亚马逊平台的规范，在遵守规范的同时努力解决自身店铺存在的问题，以防止被平台封号。

2.3.5　如何取得正规 UPC 码

大多数商品需要有商品编码（EAN、UPC 或 JAN）才能在亚马逊平台上发布。创建和匹配商品页面所需的特定 GTIN（全球贸易项目代码）因商品分类不同而不同，最常使用和最常见到的就是 UPC。

商品统一代码（Universal Product Code，UPC）是美国统一代码委员会制定的一种商品用条码，主要用于美国和加拿大地区。由于其是最早应用的商品编码，所以应用范围广泛，进入生活的每一个角落，故又被称为万用条码。UPC 条码分为标准版和缩短版两种类型，标准版由 12 位数字构成，缩短版由 8 位数字构成。

亚马逊平台北美站卖家，需要 UPC 商品码才能进行商品发布，因此此码对于卖家来说是必要的。

获取正规 UPC 码应从以下几点入手。

（1）一般情况下，UPC 码需要生产制造商向当地编码中心申请获得。中国的编码管理机构是"中国商品编码中心"，卖家可以通过生产制造商向编码中心申请编码。

（2）通过亚马逊官方所推荐的网站 BarCodesTalk 购买编码。BarCodesTalk 是一个中介网站，其数字证书是被 UPC 编码管理中心承认的，但是需要付出一定的费用，如图 2-15 所示。

图 2-15　UPC & EAN 价目表

需要注意的是，购买 UPC 编码一定要通过以上两个正规渠道。事实上，利用其他购物平台或使用编码生成器，都能通过不正规的方式获取到 UPC 编码，只是这样的 UPC 编码安全系数比较低。

无论是选择这两种方式当中的哪一种，实质上都是冒用他人的编码，如果遭到投诉，就得不偿失了。

当然，在亚马逊上，并非所有商品都需要提交 UPC 码，需要使用 UPC

码的商品包括图像和照片、电子设备、食品百货、家居和园艺、办公用品、宠物用品、软件、录像制品。不需要提交 UPC 码的商品主要包括私有商品、特殊产品零件或配件、定制商品等。如果卖家销售的是这些商品，可以向亚马逊申请免除发布商品所需的 UPC 码。

2.4 亚马逊的 A-to-Z 条款

亚马逊 A-to-Z，全称亚马逊商城交易保障索赔（Amazon A-to-Z Guarantee claim），是亚马逊对购买商品的买家实施的一项保护政策。若买家不满意第三方卖家销售的商品或服务，可以发起亚马逊 A-to-Z 进行索赔，以维护自身的权益。

2.4.1 A-to-Z 条款的具体内容

卖家对于买家发起的亚马逊 A-to-Z 索赔应对时间仅限 3 天，若卖家未在规定期限内回复买家，则会被判定为买家胜诉。如果买家遇到以下问题，可以发起 A-to-Z 索赔。

1. 未收到货物

一旦卖家已经标记发货，而买家没有在预计时间内收到商品，则可以对卖家进行投诉，这时亚马逊会调查包裹签名，如果发现是由于卖家的问题没有履行承诺，则需要卖家进行赔偿。

2. 商品与描述不符

买家收到的商品与商品详情页面展示的商品存在较大差异，包括收到商品时产品受损、存在缺陷、缺失零件等情况。

3. 买家未收到退款

卖家已经同意给买家退款，并且买家退还了商品，但卖家并未将货款退给买家。这种情况下，买家可以发起 A-to-Z 索赔。

4. 卖家拒绝退货

以上几种情况是买家发起 A-to-Z 的原因，如果是因为卖家自身没有做好服务，令买家不满意从而发起索赔的，卖家应该及时退款给买家。

2.4.2　卖家如何应对 A-to-Z 条款

卖家收到 A-to-Z 索赔要求该如何处理？

（1）及时检查。在亚马逊账号 Performance 查看是否有新增 A-to-Z（如果有新增 A-to-Z，客服邮箱会收到邮件通知）。

（2）及时回复。需要在 claim（索赔）开启 3 天内在亚马逊上跟进回复，如果卖家 3 天内不做回应，亚马逊就会批准买家的索赔要求，直接退款给买家，同时会根据与卖家的协议，从卖家账户扣除全额索赔金额。

（3）联系买家。好好沟通，争取让买家撤回 A-to-Z（超过 3 天卖家再发起撤销，这单 A-to-Z 还是会被计入卖家 ODR，即订单缺陷率）。

（4）注意言辞。处理 A-to-Z 期间联系买家、亚马逊，写邮件的时候，如果言辞表达不当或者有不合理的地方也会导致店铺被关。

（5）准备申诉。如果多次联系买家，买家却一直不回复，或者买家提出的要求是卖家无法满足的，双方无法协调，卖家就需要收集对自己有利的信息，然后向亚马逊递交申诉信进行申诉。

（6）如何申述。在申述信中卖家需提供订单详情、包裹追踪信息、与买家沟通的聊天记录、之前退回的部分货款、优惠信息等有效信息。在亚马逊发来的索赔邮件通知中，点击"Represent to Amazon"，申请亚马逊介入仲裁，并提供收集好的信息。

第 3 章

eBay——由拍卖演变而来的跨境电商平台

eBay 创立于 1995 年，随着网站的发展，现在已经成为跨国的世界级电子商务平台。在 2018 世界品牌 500 强排行榜中，eBay 位列第 47 位。本章将对 eBay 平台进行详细介绍。

3.1 **如何在 eBay 开店**

如今，已有来自全球 29 个国家的卖家聚集在 eBay，其全球注册用户数高达 1.5 亿，是世界上最大的跨境电商平台之一。

3.1.1 eBay 的开店条件

在 eBay 上开店分两种情况，一种是个人开店，另一种是企业开店。企业注册 eBay 需要满足以下几个条件。

（1）合法登记的企业用户，并且能提供 eBay 要求的所有相关文件。

（2）须注册为商业账户。

（3）每一个卖家只能申请一个企业入驻通道账户。

（4）申请账号需通过 eBay 卖家账号认证且连接到已认证的 PayPal 账号。

（5）有 eBay 客户经理的卖家请通过您的客户经理申请。

对于个人卖家，需要注册并认证一个 eBay 账号即可开店。

此外，注册开店还需要注意以下几点问题。

1. eBay 卖家账户类型

卖家账户包括海外账户和国内账户，eBay 对于国内用户限制较多，而对海外账户则较为宽松。按照注册主体的不同，卖家账户又分为普通账户和企业商户，普通账户又可分为个人账户和商业账户。

　　如果要在 eBay 德国站发布销售，卖家账户必须为商业账户，如果注册了企业账户，那么可以通过 eBay 提供的绿色通道来申请商业账户。

2. eBay 卖家个人账户注册

　　（1）注册 eBay 交易账户

　　①打开 eBay 网站，点击注册按钮；

　　②到达 eBay 注册页面之后，设置 eBay 会员账号和密码；

　　③按照注册页面的表格要求，填写真实的注册资料；

　　④填写好注册资料之后，eBay 会发送确认信息到注册的邮箱中；

　　⑤完成邮箱中的确认信息并完成邮件中的会员注册，再转到 eBay 的欢迎页完成交易账户注册；

　　⑥最后用手机验证完成身份认证。

　　（2）注册 PayPal 资金账户

　　①打开 PayPal 网址，点击注册；

　　②选择注册"高级账户"；

　　③按要求填写好注册资料之后，点击创建我的账户；

　　④进行 PayPal 认证，支持借记卡和双币信用卡。

　　（3）绑定 eBay 账户和 PayPal 账户

　　①登录 eBay 账户，点击"我的 eBay"按钮；

　　②点击 PayPal 账户，然后输入 PayPal 账号和密码，完成绑定。

3. 个人账户与商业账户的转换

　　（1）登录我的 eBay；

　　（2）点击账户内幕中的个人资料；

　　（3）编辑账户类型；

　　（4）填写公司名称。

3.1.2　eBay 的开店流程

企业或个人只要符合 eBay 的条件，均可在 eBay 申请开店。eBay 的开店流程如下所述。

（1）打开网页后，点击左上方"注册"按钮进入 eBay 注册页面，设置账号及密码，如图 3-1 所示。

图 3-1　注册页面

之后邮箱会收到 eBay 发出的一封邮件，点击"以短信向我提供验证码"，随后输入收到的验证码完成验证。

最后确认条款，如图 3-2 所示。

（2）注册 PayPal 账户。打开 PayPal 官网注册链接。选择账户类型：卖家选择商家账户，新的注册界面取消了"高级账户"，所以注册的时候直接选择商家账户即可（商家账户里分个人，公司），如图 3-3 所示。

填写注册邮箱，邮箱为以后的 PayPal 账号，建议使用企业邮箱或者国际性邮箱进行注册，国外的客户会觉得比较规范。最后按照下面的范例填写注册信息。注意：以个人名义注册，商家处填人名；以企业名义注册，商家处填写企业名。填写好后，点击同意并创建账户即可。如图 3-4 所示。

欢迎您登录 eBay 中国平台

确认条款

您好！由于 eBay 社群管理系统已经更新，由即日起如果你通过 eBay 香港网站登入使用 eBay 社群，你将被自动转至 eBay 中国网站管理的 eBay 社群。若你选择继续使用 eBay 社群，即代表你同意遵守 eBay 中国网站社群使用政策，该站 eBay 服务条款及隐私权保护规则，并受相关的中国法律的规管。如你不同意该等守则，请不要使用 eBay 的社群。
点击继续，代表您已接受转至 eBay 中国网站的卖家中心。

继续 不接受，返回主页

图 3-2   确认条款

免费注册 PayPal 账户

购物账户
适合以网购为主的个人使用。

创建个人账户

- 买家通常无需支付手续费，但在进行跨境交易时，可能需要支付币种兑换费用。
- 从世界各地的数百万家网店购物。
- 符合条件的交易享受 PayPal 买家保障，购物安全放心。

商家账户（个体/企业）
适合以收款为主的个人商户及企业。

创建商家账户

- 成功收款才需支付交易费。
- 在 203 个市场接受 100 多个币种的付款。
- 符合条件的交易可以享受 PayPal 卖家保障。

图 3-3   选择账户类型

创建登录

| 邮箱地址 |
| 密码 | 重新输入密码 |

提供公司信息

| 姓 | 名 |
| 公司名称或您的企名 |
| +86 电话 |
| 省/直辖市 | 市/县 |
| 地址（不可使用邮政信箱地址） |
| 邮政编码 |

您的首选币种是什么？

美元

图 3-4   填写注册信息

　　按照实际情况选择企业类型，产品网站没有的话可以不写。进入"我的PayPal"界面，点击确认邮箱地址。PayPal 账户完成后，需要激活电子邮件地址和设置密保问题，激活收款功能。查看注册使用的电子邮箱，找到激活邮件点击"这里激活账户"的按钮。如图 3-5 所示。

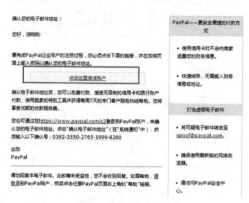

图 3-5　激活账户

　　跳转到 PayPal 网站，输入 PayPal 登录密码。设置密保问题。此处关联的卡是用于付款的，所以点击"以后再关联卡"即可，收款功能已激活，如图 3-6 所示。

图 3-6　关联

　　（3）绑定您的 eBay 账户与 PayPal 账户。登录 eBay 账户，点击右上角我的 eBay。点击账户—PayPal 账户—连接到我的 PayPal 账户。填写地址，输入 PayPal 账号和密码。

至此，便完成了 eBay 账户与 PayPal 账户的关联，也就完成了开店操作。

3.2 如何在 eBay 发布商品

eBay 发布商品的步骤共分为五步。卖家需要耐心地按照规定进行发布，避免出现遗漏。

3.2.1 步骤一：设定详尽且精准的商品属性

在 eBay 上发布产品，第一步是要设计好商品属性，应本着真实的原则输入商品属性。

（1）打开 eBay 官网用账号登录，点击"sell"按钮，进入产品上架页面。

（2）填写商品名称，点击"get started"，选择商品类型。

注意：商品必须在正确的类别中发布，如果有多个子类别，需要将商品发布在对应的子类别当中。例如：裙子需要在"服饰—裙子"的分类中，而不能在"服饰—其他"的分类中。

在"商品所在地"栏中，卖家必须填写真实的商品寄出地址。正常情况下，商品所在地址要与账户信息相符，如果不相符，发布时必须如实选择商品地址（不可以只在商品描述中说明），避免出现不必要的交易纠纷。

需特别注意的是，运费的设置也要与商品所在地一致。例如：账户信息为日本，商品所在地为英国，商品被英国卖家拍下，运费要设置为英国当地运费，而不能设置为日本到英国的运费。

eBay 对上传的商品属性有明确要求，发布商品时，可以在商品描述中使用链接做促销。但是，有些类型的链接是不符合使用标准的。如不能添加个人或商业链接。需要特别注意的是，任何链接都不能跳转到 eBay 以外的含商品销售信息的页面。

高质量的图片可以提升用户体验，所以 eBay 就商品图片发布制定了一些规则：商品发布必须要包含至少一张图片；图片的最长边不得低于 500 像素；图片不能包含文字边框和插图；二手商品发布不能使用 eBay 产品目录中的图片。

很多买家都想买到物美价廉的产品，所以，产品定价不能过高或过低，既要考虑到卖家自身利益，同时还应调查市场其他卖家同款或类似产品的价格。价格往往直接影响出单率，所以应保证价格与价值相匹配。

3.2.2　步骤二：撰写一份合格的商品介绍

点击"Discrible Your Item"按钮，添加商品标题和描述。点击"Details"按钮，填写商品的基本信息描述，包括尺寸、运输方式及时间、退换货等内容。

1. 标题

产品标题应简洁大方，特别需要注意的是关键词要尽量做到精准，因 eBay 平台规定标题需在 80 个字符以内，故应控制好标题字数，一般字数控制在 11 ～ 15 个字符为宜。

其中字母大小写要遵守英语书写规范，标题首字母要大写，并满足搜索规则要求，因为买家能从标题中判断店铺的专业程度。

每个人编写的标题都不尽相同，风格格式也有差异，应做好标题编写的标准化，如：主要关键词＋关联词＋关键词＋产品属性（尺寸、颜色、形状）＋特色；品牌＋数量＋主要关键词＋关联词＋关键词＋用途＋产品属性（尺寸、颜色、形状）＋特色。

选用标题关键词方法有很多，如：参考买家的热搜词，对产品词汇进行关联，使用 eBay 建议的关键词进行匹配，参考其他优秀卖家的 listings 设置以获取有用的词汇等。

2. 产品状态

售卖的产品应明确标明使用状态，如全新、工厂翻新、卖家自行翻新、二手等。当选择产品为全新状态时，该产品就必须是全新未使用的，并且其包装需要和零售渠道包装、图片中的包装一致。卖家应尽可能地实事求是，不出现欺诈买家的行为。

3. 产品详情描述

在描述售卖产品的时候，卖家需要提供完整的产品细节信息。eBay 除了 PC 端用户外，还有移动端用户，因此详情描述还需要精炼。卖家应严格按照以下步骤编辑产品详情描述：

（1）以 eBay 美国站为例，进入商品发布方式页面，可以看到页面中有 Item Description 模块，即商品描述设置模块，点击 "Standard" 直接输入商品描述，或点击 "HTML"，使用 HTML 代码加入较复杂的商品描述。

商品描述应提供买家常见问题的答案，标明店铺政策，如：收付款政策、物流政策、退换货政策。说明工作时间（当地时区时间），写明在收到邮件后多久给予买家答复。

（2）在 "HTML" 中编辑输入完成 HTML 代码后，点击 "Standard"，可查看编辑后的效果。

（3）如果直接在 "Standard" 中编辑，可利用工具条对商品描述进行简单的排版设置。

4. 物流

在物流运输设置里有三个选项，分别为：每件商品固定运费，不同地区卖家设置运费，本地当面交易无运费。一般卖家会选择固定运费模式。

然后是选择物流服务商，如标准运输、商业快递等。我国的卖方一般会选择 ePacket delivery from China。但如果是有海外仓的卖家，可以选择一些快递比如 UPS、DPD、DHL、USPS 等，在实际设置时，需选择 standard shipping（1to 6days）或者 expedited shipping（1to 4days）。

当然，还要看产品的包装尺寸和重量，由于跨国运费昂贵，还需避免支出不必要的费用。

5. 退换货政策

退换货政策应简洁明了，让买家知道店铺是支持 30 天退换货的即可。Return Policy 里面，All Returns Accepted 也不要忘记设置 30 天。虽然里面有 14、30、60 天可选，但 eBay 要求卖家执行 30 天退换货政策，否则账号无法享有 20% 的 eBay 优惠政策。

3.2.3　步骤三：设定商品的发布方式

在 eBay 中，无论是"一口价 / Fixed Price"还是"拍卖 /Auction"的方式，都是卖家按照自身需求设置的发布方式。商品的发布方式包括"拍卖 /Auction"方式、"一口价 / Fixed Price"方式、"拍卖 /Auction"和"一口价 / Fixed Price"方式并用，以及一个特别的种类"零件兼容性发布 Parts Compatibility Listing"，需要卖家综合考虑设置。

选择"拍卖 /Auction"的发布方式，多数情况是因为无法确定商品确切的价值，但希望能够尽快售出，让市场来决定产品的价格。

以"一口价 / Fixed Price"的方式发布，很好地解决了卖家库存量大，希望减少发布费的问题，通过此方式可以使用 30 天在线发布，自动更新，大大提高发布效率。"一口价方式"还能够使产品上线的时间大于 7 天，从而更好地满足卖家与买家的需求。

"拍卖 /Auction"与"一口价 / Fixed Price"方式可以并用在多种类产品销售中，同时吸引竞拍买家与倾向便捷的"一口价 / Fixed Price"交易的买家。通过竞拍和"一口价 / Fixed Price"发布方式还可以帮助买家了解卖家其他在售的产品，从而使店铺产品曝光度提高。

尽量避免重复发布。如若出现重复发布现象，重复发布的产品将被

eBay 平台移除或者在搜索结果里不显示，从而造成无效发布。甚至账户的买卖权限会被直接终止，造成账户的搜索排名降低，曝光量也会降低。

3.2.4　步骤四：设定商品的可销售数量

销售数量也是发布产品时需要注意的，下面将介绍卖家在设定销售数量这一环节上需要注意的地方。

1. 设置"拍卖 /Auction"中商品可售数量的步骤

（1）虽然"拍卖 /Auction"只能拍卖一件商品，没有"数量"的选项，但可以通过点击"Auction"或者"Add or remove options"并在新对话框中点选"Lots"或"Save"，来为拍卖的产品设置批发功能，并且选择用"拍卖方式"发布，就只能拍卖一件产品。

（2）如果选择了"Lots/ 批发"功能，那么在 Choose a format and price 模块中可设置一次性拍卖多件商品，"Number of lots"是商品提供出售的数量（在"拍卖方式 /Auction"中只能为 1 件），"Items per lot"是每件商品包含的单品数量，如：拍卖一套模型组合，一套一共 5 个玩偶模型，那么"Number of lots"为 1，"Items per lot"为 5。

2. 设置"一口价方式"中商品可售数量的步骤

（1）在 Choose a format and price 模块中点击"Fixed price"进入"一口价方式"设置选项，在"Quantity"下的文本框中输入发布商品的数量即可。

（2）点击"Fixed price/Add or remove options"，在新对话框中点选"Lots/Save"，为一口价商品设置批发功能（"Lots/ 批发"功能允许一次向买家出售多件商品）。

（3）如果选择了"Lots/ 批发"功能，在 Choose a format and price 模块中可设置在"一口价"中，出售多件商品，"Number of lots"是商品提供出售的数量，"Items per lot"是每件商品包含的单品数量。

　　卖家需要拿出严谨的态度来管理库存，在实际操作中需要按照库存情况及时调整产品可售数量，避免出现仓库有货，发布商品页面没货，或发布商品页面有货，库存没货的情况发生，以免给买家带来不良的购物体验。

3.2.5　步骤五：确认是否要使用辅助功能

　　eBay 对第三方工具持开放的态度，很多卖家都会使用第三方工具来发布、管理自己的库存。下面简单描述几个国内卖家常用的 eBay 第三方发布工具。

　　（1）Auctiva：Auctiva 提供 30 天免费使用时间，你完全可以在 30 天内掌握 Auctiva 工具的内容；Auctiva 工具不支持产品编号，所以适合产品种类不多的用户使用；Auctiva 工具的商店（Store）功能很实用，并且完全和 eBay 同步；可以在 Auctiva 工具上设置自动留言功能。

　　（2）IBay365：在线系统永久免费使用，无须安装，一个浏览器即可实现所有功能；真正本土化的专业设计，全中文操作界面，人性化客户服务；超级搬家工具，一键即可瞬间从 eBay 导出商品信息，自动生成商品发布模板。

　　同时可以全面对接 eBay Trading API，无须登录即可完成几乎所有 eBay 操作；支持多 eBay 账号绑定、多级权限销售经理一站式管理，真正贴合各类商业模式；SSL 证书数据加密 +7×24 小时系统在线 + 永久数据保存，全面保证账号数据安全。强大的数据分析和扩展功能，可以帮助卖家迅速掌握销售状况，及时匹配市场；全面支持个性化功能定制与独立系统开发。

　　（3）MerchantRun：注册 MerchantRun 以后即可获得 9.99 美元免费抵用金；MerchantRun 具有中文界面以及比较强大的客服系统，遇到操作问题可以随时得到解答；MerchantRun 提供了丰富的发布模板，不同的商品可以自由选择发布模板，并且创建、上传商品，很实用。

　　可以实现创建多个子账户操作，通过子账户实现多人管理商品发布以及查看商品信息；自动发布规则很方便，节省了很多人力和时间。

　　（4）inkFrog：inkFrog 可以自动导入所有 eBay 信息数据；可以选择性

地导入模板，可以在导入的同时自动替换成 inkFrog 的模板，导入速度也很快；对于喜欢用拍卖方式的卖家，inkFrog 自动发 Second ChanceOffer 的功能比较简单实用，卖家可以自己设定给出 second chanceoffer 的价格范围。

如果买家购买多件商品，inkFrog 可以设置对购买两件以上商品的买家的运输减免；产品编辑功能与 eBay 的商品编辑功能比较相似，所有编辑内容都可以在一个页面上完成。inkFrog 的导入功能比较强大，可以直接从 Auctiva 工具中导入商品信息、图片以及模板。

（5）PushAuction：不用登录 eBay 即可完成产品上传的所有步骤；客服管理的软件端可以处理所有绑定的 eBay 账号中的消息收发功能，这个功能只有购买企业版才可以实现；存仓系统比较完善，可以实时了解到商品的销售信息并管理商品库存；PushAuction 可以关联 PayPal 账户，设置即时付款通知（IPN）功能，可在线实现销售管理，不用登录 PayPal 即可进行买家地址查询。

（6）蚂蚁发布软件：桌面软件；支持离线作业，操作速度快，效率高；无须登录 eBay 即可完成商品发布、消息回复、订单管理等操作；支持多 eBay 账号集中操作管理，提高效率；支持批量群发和回复消息；物流实时全程跟踪监控；支持自定义设计订单地址打印格式；eBay 热门关键词和畅销商品查询；数据库存储在本地电脑，既安全又便于根据需要进行二次开发整合，有效共享数据；长达一年免费试用期。

（7）易仓刊登 listing 工具：数据和图片存储在阿里云服务器，有强大的安全保障；支持多平台、多店铺刊登；多平台维护系统，节省跨境卖家时间。

3.3 eBay 详细介绍

掌握 eBay 平台的具体细则可以让卖家很快了解到 eBay 平台核心规定与其他平台有什么不同，进而做出相应的安排。

3.3.1　eBay 的收费明细

注册 eBay 是完全免费的，并且 eBay 不设任何月租费或最低消费限额，一切费用都取决于用户的个人使用情况。对于 eBay 的收费情况，每个国家都会不同，下面我们选择美国、澳大利亚、英国三个国家来讲。

1. 美国站点费用介绍

在 eBay 美国站发布商品时，eBay 会向发布方收取一定比例的发布费用，在商品售出后，需缴付小额比例的成交费。因此，在 eBay 平台销售所产生的基本费用就是发布费加上成交费。根据所选择的商品发布形式的不同 —— 拍卖方式或是一口价方式，产生的费用也会有所区别。此外，还可以为商品添加一些特殊功能，但需缴付相应的功能费。

eBay 美国站的标准费用包括拍卖商品的发布费，一口价商品的发布费，以及成交费。合理使用特色功能有助于销售。使用特色功能会收取额外的功能费，并与商品发布费同时收取，计入卖家账户。

开设 eBay 美国站店铺，每月需支付相应的店铺月租费，根据所选店铺级别不同，月租费也不尽相同。此外，PayPal 费用将会单独通过 PayPal 来收取。

2. 英国站点费用介绍

在 eBay 英国站进行发布销售时，会产生发布费和成交费。此外，为商品添加一些特殊功能时，也需缴付相应的功能费。因此，eBay 平台销售所产生的基本费用是发布费加上成交费以及特色功能费。根据选择的商品发布形式的不同 —— 拍卖方式或是一口价方式，产生的费用会有所区别。

eBay 英国站的标准费用包括拍卖商品的发布费，一口价商品的发布费，以及成交费。需要特别注意的是，eBay 英国站针对汽车和分类广告类商品有不同的收费标准，另有国际销售费用，慈善销售折扣，提前结束拍卖费用等项目。

开设 eBay 英国站店铺，每月需支付相应的店铺月租费，根据所选店铺级别不同，月租费也不尽相同。同时，开设店铺的卖家，也需支付商品发布费与成交费，但店铺卖家可享受到"一口价"商品发布费的优惠。

3. 澳洲站点费用介绍

在 eBay 澳洲站点进行发布时，会产生两方面基本费用：一是发布费，即发布商品所收取的费用；二是成交费，即商品成功售出时收取的一定比例的费用。除此以外，还可以为商品发布添加一些特殊功能，但需缴付相应的功能费。eBay 澳洲站的标准费用包括发布费和成交费两部分。

3.3.2　eBay 搜索排名规则

无论对于买家还是卖家，搜索排名都是非常重要的。eBay 平台有自己内部的搜索引擎——Cassini。

与亚马逊搜索引擎优化时的方法不同，eBay 需要让卖家将发布的产品尽量与 Cassini 进行匹配。在进行产品排名前，一般 Cassini 会检查四个方面，即产品标题、商品详情、类目、其他竞品。与亚马逊类似的是，Cassini 还需要检查商品是否为卖家提供了相应的价值、店铺的综合指标、店铺评价等。比如：卖家在销售产品时，Cassini 会跟踪收集卖家的退货政策、产品信息、点击率、评价、反应时间，这将会成为 Cassini 排名的标准。

从中我们可以看出，针对 eBay 的 Cassini 搜索引擎，重点需要做到两点：产品的优化、店铺的优化。

产品优化包括如下内容。

（1）产品优化的核心主要在于关键词的优化，其关键点在于一个标题不能只有一处关键词，应该由不同的长短关键词组成。

（2）产品标题、描述应该与所售产品符合，不能为了"取悦"搜索而做出虚假的信息，导致买家产生消极情绪，使产品销量不升反降，得不偿失。

（3）由于 eBay 的用户可以对具体细节进行挑选或过滤，所以具体的介绍信息也需要注意；类别，应以简洁、精确为主，如卖家在出售电视时，应该将其主类别设置为电器，而不需要设置诸如电子产品之类的其他类别。如果 eBay 类别中已经存在卖家所销售的产品了，则只需要输入 UPC 或 EAN，eBay 会自动填写剩余信息。

店铺优化包括如下内容。

（1）买家评价。Cassini 会根据买家的评价对店铺或产品进行排名，正面评价是改变搜索引擎排名的一个非常重要的因素。

（2）物流配送。事实上 eBay 并不会因为卖家是否包邮而提高或降低其排名，但是免运费确实可以提高买家的满意度，转化率会比有运费的产品要高很多，从而间接改变搜索排名。

（3）退货政策。与物流配送同理，eBay 平台喜欢有更多好评的卖家，退货政策也可以间接提高卖家的好评率。

3.3.3　eBay 的物流规则

经过 eBay 的长期研究发现，买家在海淘时最担心的问题是运输失效、丢件、快递破损、运输不稳定、包裹无法追踪等问题，这些都会影响买家的二次回购。为了帮助卖家在 eBay 市场中保持持续的竞争力，eBay 所有国际货物包裹必须选用下面任意一个 eBay 政策中的物流方案：

（1）"国际 e 邮宝"或"E-Express"服务；

（2）中国邮政速递 EMS 服务；

（3）由 UPS、FedEx、DHL、TNT 提供的商业速递服务；

（4）能对前往美国的包裹提供发货到妥投的货物追踪的海外仓储服务。

但是，以下情况商品可不受 eBay 国际物流方案政策限制：

（1）商品使用海外仓储（仅限于美国仓储），且商品所在地为美国（请遵守正确设置商品所在地政策）；

（2）发布于指定分类中无法空运的商品，详细分类列表见附表；

（3）账户评分达到或超过美国站卖家标准（标准卖家 & 高于标准的卖家），且商品售价（包括物流费）不高于 5 美元的商品；

（4）对于使用国际 e 邮宝的卖家，eBay 会给予政策上的保护，详情参见卖家保护中国际 e 邮宝支持计划。

卖家可向买家收取合理的运费和手续费，用来支付邮寄、包装和处理所卖商品涉及的成本。eBay 对运费和手续费不进行金额上的规定，但会根据用户举报和 eBay 的判断来确定卖家收取的运费、手续费、包装费、保险费是否过高。运费及手续费不包含在商品最终成交价中。除最终成交价之外，卖家还可以收取以下费用：

（1）实际运费；

（2）手续费：可收取实际包装费；

（3）保险：提供保险的卖家只能收取实际的保险费用；

（4）税额：只能收取实际产生及适用的税项。对于跨国家或地区交易，卖家不能征收关税，而买家可能要负责交纳相应国家或地区法律所规定的实际产生及适用的关税。

除这些之外，卖家不得收取额外费用，例如"自我保险"等。卖家如果未选择经过许可的第三方保险公司，就不能要求买家购买保险，因为这种做法属于违法行为。

3.3.4　eBay 的互评机制

eBay 的信用评价体系包括互评机制和卖家评分，这部分类似于淘宝网的信用评价和信用评分系统。

在 eBay 中，每完成一笔交易，卖家和买家都有机会为对方打分，其中包括好评（+1 分）、差评（-1 分）、中评（0 分）以及简短的评论。

与买家不同的是，卖家只能给予买家好评或放弃评论。互评分数是用户资料的重要组成部分，直接出现在每个用户 ID 旁，如图 3-7 所示。

出现的还有好评率，计算方法是近 12 个月的好评数除以评分总数；近期评分：计算近 1 个月、6 个月和 12 个月的好评数、差评数和中评数；撤销竞拍次数：计算近 12 个月中该用户在拍卖期间撤销拍卖的次数。

Feedback	From	When
I will buy more Items from you New Kingston 80MB/s 8GB 16GB 32GB 64GB Micro SD SDHC UHS-I Class10 Memory Card (#152004277613)	n***a (53 ⭐) US $16.24	During past month
super thanks New Kingston 80MB/s 8GB 16GB 32GB 64GB Micro SD SDHC UHS-I Class10 Memory Card (#152004277613)	u***0 (192 ⭐) US $11.95	During past month
Prompt delivery, item as described. New Kingston 80MB/s 8GB 16GB 32GB 64GB Micro SD SDHC UHS-I Class10 Memory Card (#152004277613)	h***e (918 ⭐) US $5.60	During past month
Perfect! New Kingston 80MB/s 8GB 16GB 32GB 64GB Micro SD SDHC UHS-I Class10 Memory Card (#152004277613)	r***x (70 ⭐) US $9.31	During past month

图 3-7　eBay 上某商品的好评

根据不同的分数，eBay 会将用户划分为不同的等级，与淘宝网的红星、钻石、皇冠等级划分样式较为类似，标志为不同颜色和形状的五星。具体划分等级区间，如图 3-8 所示。

⭐ = 10 ~ 49
⭐ = 50 ~ 99
⭐ = 100 ~ 499
⭐ = 500 ~ 999
⭐ = 1 000 ~ 4 999
⭐ = 5 000 ~ 9 999
⭐ = 10 000 ~ 24 999
⭐ = 25 000 ~ 49 999
⭐ = 50 000 ~ 99 999
⭐ = 100 000 ~ 499 999
⭐ = 500 000 ~ 999 999
⭐ = 1 000 000 以上

图 3-8　eBay 等级区间划分

eBay 保护买家措施：大多数情况下，用户反馈信息是可以永久保留的，因此卖家会特别重视买家的评价，eBay 也建议买家给予卖家中评或差评之前先与卖家进行沟通再作决定。买家一旦决定评价之后，就不能再单独修改分值。买家不能为降低卖家分值而故意重复购买商品。在一定期限内，买卖双方协商一致后申报 eBay 可以修改评分。

卖家不能以任何原因限制买家进行评论。评论中不能包括网络链接、亵渎言论或其他不恰当内容。

eBay 保护卖家举措：因为卖家无法给买家打差评或中评，这就需要

eBay 建立起其他机制来保护卖家权益，具体包括如下内容。

（1）卖家可以在商品列表上添加买家条件来避免恶意买家，比如互评分值低于某个标准的买家无权购买该商品，当前在该商铺购买商品多于某个界限的买家无法购买该商品，或依据用户 ID 限制特定买家购买。

（2）非拍卖卖家可以要求买家使用 PayPal 即刻全额付款。

（3）被恶意评论或评分的卖家可以向 eBay 举报中心投诉，在查实之后，eBay 会删除不实评论或打分。受到勒索的卖家可将记录有"给我额外好处，不然就打差评"等形式的交谈记录作为证据向 eBay 投诉。

（4）"eBay 卖家保护部门"密切监视买家行为记录，对于多次要求退款或频繁给予卖家差评的买家，eBay 有可能冻结其账户或清除其留言及评分。

（5）eBay 建议对交易结果不满的买家在与卖家协商后再给予评分，但对此并不强制，目前 eBay 正在考虑是否强制要求买家在给予中评或差评之前与卖家提前沟通。

3.3.5　eBay 的两类流量入口

eBay 在引流上有很多渠道入口，这里主要介绍两种，一种是 eBay 的站内流量入口，另一种是 eBay 的站外流量入口。

1. eBay 站内流量

（1）平台流量。为了扶持和照顾新卖家，eBay 的内部机制会给予新账户 20%～30% 的流量，卖家能够活跃起来，eBay 的平台自然也会一直保持交易热度。从买家到卖家，再从卖家到平台的逻辑使 eBay 一直保持高收益。

另外，为了提升卖家活跃度，eBay 也会对卖家新上架的产品作出流量倾斜，无论卖家采取何种形式，新商品都会在 48 小时内得到有效曝光，并且还会走出新品活跃度的考核。从这方面讲，卖家如果每日上架十个以上的新产品，自会提升店铺曝光度，提高流量。

当然，平台主推的分类流量热度会比其他分类要高很多，平台额外给出的自然流量会使主推分类更能得到关注。例如，即使各大分类处在销售状况不景气的环境下，eBay 主推的"汽车配件"分类的相关产品销售仍能保持高增长率。

（2）拍卖。在 eBay 平台的所有销售方式中，拍卖一直是出单最快的方法，通过低价拍卖，可以快速获得排名和人气，甚至如果同一款产品拍卖效果较好，还能提高固价。

（3）促销工具。卖家通过使用促销工具，可以推出优惠折扣活动来获得更多曝光，从而吸引买家光顾。促销工具中的 Markdown Manager 可以对单个产品进行促销，Promotions Manager 能够对整个店铺进行关联促销，如我们常见的满 100 减 20、买一赠一活动等。

（4）Promoted Listings。Promoted Listings 实际是 eBay 的一种付费广告推广服务，是根据买家的搜索把卖家相关商品推送到买家面前或出现在搜索页面醒目位置，从而提高商品可见性，以使卖家可以在平台上得到广泛推广与曝光。通过买家点击 Promoted Listings 的广告而进入卖家商店并完成交易的系列过程，卖家可以清楚地看到 Promoted Listings 广告的服务效果，从而支付相应费用。费用需要卖家根据自己需要在后台进行设置，一般为商品售价的 10% ～ 20%。

2. eBay 站外流量

（1）YouTube 等视频网站。当前 YouTube 网络红人风靡全球，eBay 的卖家可以通过与网红合作促使产品或店铺得到更高的知名度。

（2）Facebook、Twitter 等社交网站。通过社交媒体，可以打造朋友推广圈子，只要口碑在一级朋友圈得到肯定，那么二级、三级朋友圈自然会形成自主口碑宣传。

（3）其他媒体网站等。在当今的跨境电商大潮中，把握了流量就等于把握了机会，两方的流量入口卖家都需要进行密切关注，才能持续为店铺引流。

3.3.6 如何避免 eBay 账号关联

每个卖家都想让自己的账户以安全状态进行交易，然而现实中不仅是 eBay，任何一家电商都存在账号关联的问题，严重的会被电商平台封号。

账号关联是指根据程序算法识别出个人或企业同时操作几个账户，那么这些账号就会被认定为存在关联。平台会监测记录卖家所有的后台操作行为，通过匹配关联因素判断多个店铺账号是否属于同一卖家。

比如 eBay 的 A 卖家所用的 IP 是 B 卖家空出来的，那么 eBay 就会认为两个账号是来自同一个卖家，A、B 卖家的账号就产生了关联。随着每年 eBay 卖家不断增长，账号关联问题也随之增多，一旦被平台监测到，那么卖家的多个店铺都有可能被封号。

账号关联与注册信息、IP 地址、软件环境、PayPal 关联等因素密切相关。

（1）注册信息。注册卖家账号时需要向平台提供公司名称/负责人名字、地址、电子邮件地址、信用卡等信息。这些信息全部或者部分相同会导致账号极大概率关联。因此，多个账号需要设置不同的密码以保障安全。

（2）IP 问题。同一 IP 地址下不能登录多个卖家账号，也不能登录卖家账号所关联的邮箱。用一台电脑登录多个账号，虽然每次都会换 IP 地址，但 eBay 会对 IP 段和端口进行提取审核，如监测出电脑多账户登录一个 MAC 却不变，也能检测出关联。一个账号需要采用固定 IP 进行独享，另外还要保障同一 IP 没有被其他商家使用过。

（3）软件环境。需要清理 cookies，必要时需要重装系统。使用防关联软件系统的本地虚拟服务。

（4）PayPal 关联。因为 PayPal 绑定了多个 eBay 账户，一旦一个账户被限或者被封，那么 PayPal 所关联的 eBay 账户将全部被审查，PayPal 关联导致 eBay 关联。所以，每个 PayPal 应该只绑定一个账号。

（5）其他因素。包括人为因素、偶然的机器因素等，这些因素并不可控，需要卖家提前做好防关联制度准备，并每天对机器进行检查。

第4章

Wish——移动端优先的跨境电商平台

　　Wish 作为一款线上的欧美购物软件，拥有超过 10 万的消费者，是新兴的基于 APP 的跨境电商平台。这些年，Wish 通过对平台的着重打造，已经在北美收获到了超高的人气，依靠物美价廉吸引了大量客户。

如何在 Wish 开店

Wish 的核心业务品类主要有服装、饰品、手机、礼品等，其大部分商品都来源于中国，因此众多国内卖家纷纷选择加入这个电商平台。

4.1.1　Wish 的开店条件

Wish 对于卖家的身份没有过多限制，无论是企业还是个体商户，甚至是一些手工业者、艺术家，只要能够提供相应的销售、生产等证明，都能够以卖家身份在 Wish 平台上销售。

为保证平台销售秩序，Wish 限制了出售的商品。比如卖家不可以出售纯粹的服务类商品。下面详细介绍 Wish 平台对卖家的要求。

一、资质要求

1. 卖家自助

Wish 为促进卖家和买家之间的交易提供便利，但 Wish 不代表商家进行交易，所有交易和服务都是由商家自行完成的。

2. 服务类商品

通常来说，Wish 平台不允许出售服务类商品，但也有一些例外。

（1）不能产生新的、有形的、实际存在的商品不允许出售。例如，剪裁、恢复或修复项目，以及照片修饰或色彩校正等。

（2）对实物产品进行定制是允许的，例如一件定制礼服或一幅绘画。

违反规定的商品将被删除，相关订单将被取消，屡教不改者将被关闭账户。

3. 禁售商品

商家必须遵守法律法规，所出售的商品、店铺内容以及一些限运商品等必须符合法律标准。

二、所需材料

1. 需要准备的材料

在 Wish 平台注册时，要准备的材料有营业执照、税务登记证、法人身份证（原件扫描 / 拍照）、税务登记证（商业登记证，董事 / 法人）。

2. 信息上传要求

（1）需要保证上传的图片都为原件。Wish 后台上传的图片必须是原图，正常大小控制在 2M 以内，不得有任何 PS 痕迹，也不可为扫描件，只能是以图片的形式上传。

（2）在拍法人手持身份证这样的信息图片时，要以办公区域为背景，且拍照的焦点要对准身份证，确保放大后能看得清楚。当然，也要把人脸拍全，不要只拍一半，或者是只拍到额头等。

（3）上传营业执照等信息时，一定要拍全，最好在旁边还有一些留白，这样的图片也便于 Wish 更好地通过。

4.1.2　Wish 的开店流程

（1）登录网站，并点击"免费使用"。

（2）进入"开始创建您的 Wish 店铺"页面（如图 4-1 所示），填写相关信息。

①选择习惯使用的语言，英文或者中文。选择按钮在页面的右上角。

②输入常用的邮箱开始注册流程。该邮箱也将成为未来登录账户的用户名。若已有 Wish 卖家账户，请点击"登录"。

③输入店铺名称，确认店铺名称不能含有"Wish"字样。店铺名称一旦确定无法更改。

④输入登录密码。为确保账户安全，密码不得少于 7 个字符，并且包含字母、数字和符号。然后再次输入登录密码加以确认。

⑤输入验证码，请注意切换到大写状态，不然会提示验证码有误。

⑥点击"创建你的店铺"。

图 4-1　开店流程

（3）进入"告诉我们更多关于您店铺情况"的页面。

①请选择运营的其他平台，并输入该平台店铺的 URL 链接。

②请以美元为单位填写店铺去年的营收额。

③请选择仓库所在国家和城市。

④请选择将在 Wish 平台销售的产品品类。

⑤请认真阅读"Wish 商户协议"和"政策"，然后点击"下一步"。

（4）验证邮箱。它是整个注册步骤中的第三步，必须完成表内所有步骤才能完成整个注册流程。

（5）点击"开始"，验证电话号码，它是整个注册步骤中的第四步。

点击"发送验证码"后，会收到一条来自 Wish 的短信。在页面空格中输入短信内的验证码并点击提交。之后会收到短信告知电话号码已验证成功。若未收到验证码，请再次确认填写的电话号码是否正确，并点击"再次发送"。

若没有手机号码，请点击"还没有手机号码"。按提示输入你的座机号码进行验证。

（6）点击"开始"，添加收款信息，以便 Wish 业务开展后能正常收到货款。

①若希望使用 bills.com 收款，请输入 bills.com 账户信息并点击"更新支付信息"。

②若希望使用 Payoneer 收款，如果已有 Payoneer 账户，请直接登录。如果尚无 Payoneer 账户并希望开通 Payoneer 账户，请登录 Payoneer 官网进行注册。

③若希望使用易联收款，请选择易联。

（7）点击"开始"，在您的店铺里添加产品。

（8）点击"开始"认真阅读商户协议。

①请通篇阅读每一条政策条款后在底部点击"同意"。

②请阅读 7 条声明并在每一条前面的方框内打钩，然后点击"同意已选择的条款"。

（9）验证店铺，请如实填写相关信息。个人账户和企业账户要填写的信息不同，需要仔细查看辨别。

（10）点击"开通您的店铺"，进入 Wish 平台审核。若审核通过，开店成功；若信息在审核后被退回，请及时按照商户后台要求更新，重新提交审核。

①严禁重复注册。Wish 上一个实体只能开一个店铺，个人跟企业是属于一个实体的。一个实体开了一个店铺之后就没有办法再去开额外的店铺，多开的店铺会被关掉。

②上传真实有效的信息。比如，填写企业详细地址时需要精确到门牌号。如果没有填写精准，后台审核时会让商户更新。

③所有注册信息都要完成才可开店。当店家自行注册 Wish 的时候，注册了几个信息后它会跳到后台让你去做其他几个步骤，包括邮箱验证、手机号码验证等。有任何一道工序没有做完，就意味着注册未完成。注册未完成的店铺永远不会传到 Wish 的审核团队。所以注册 Wish 店铺的时候一定要把所有信息都注册完成，最后一步是"点击此处开启您的店铺"，没有点击的商户，也是注册未完成。

4.1.3　Wish 个人店铺如何升级为企业店铺

Wish 对注册的账号进行审核时，采用的是系统 + 人工的方式，会将注册用户分为公司和个人两类。据不完全统计，在资料提交完整且真实有效的前提下，企业卖家账户审核时间为 3 个工作日，个人卖家账户审核时间更长一些，为 7 ~ 15 个工作日。

在电商平台中，企业账号比个人账号更具优势，在 Wish 平台上也是如此。因为企业账户的资金、信誉、实力会更大一些，所以 Wish 平台对公司账户推广的产品更加倾斜，会给予更多的流量优惠。

不少卖家因为开始并不了解，注册个人账号后会有后悔心理，想从个人店铺转为企业店铺。Wish 个人店铺是可以升级为企业店铺的，但需要卖家准备好以下材料并发送到 Wish 后台的客户经理邮箱，邮件正文需要提供注册邮箱、用户名、QQ 号、法人代表姓名、身份证号码、公司名称、营业执照注册号。

在附件中还需提供以下相关文件和材料。

（1）公司营业执照和公司税务登记证的彩色照片，照片要求清晰完整，无后期处理。

（2）法人代表手持身份证原件以办公场所为背景拍摄的彩色照片。法人代表面部和身份证信息清晰，照片清晰完整，无后期处理。

（3）如法人与账号原注册人信息不一致，请另外提供原个人注册人手持本人身份证及营业执照照片。

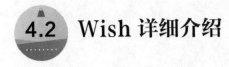

4.2 Wish 详细介绍

通过上文卖家已经知道了如何在 Wish 平台上开店，下面我们将对 Wish 平台的相关特点和细则作以详细介绍。

4.2.1 Wish 的优势特点

通常情况下，对卖家产品排名影响具有较大权重的就是产品价格，但 Wish 平台将价格权重进行了调整。Wish 认为对于进入 Wish 购买商品的消费者来说，价格并不是最主要的因素，所以，Wish 在产品排名上既不会偏袒大品牌，也不会扶持小品牌，产品排名完全依靠买家的购买数据信息。

在电商平台购物时，消费者会出于种种原因而选择各自喜好的平台。比如说在购买较为贵重的商品时，消费者比较关注产品是否为正品。为了保证购买产品的质量，可能消费者会选择对品牌有一定保证的亚马逊。

尽管 Wish 没有对产品排名的价格设限，但也不妨碍它在诸多跨境电商平台中成为最具物美价廉特性的平台。

Wish 对于入驻的卖家几乎是来者不拒，前提是卖家必须拥有对产品的一定处置权力。在 Wish 上，消费者除可以买到日常生活用品之外，还可以买到手工业者制作的工艺品。

另外，Wish 平台消费者的来源相对比较稳定。据统计，Wish 的消费者绝大多数来自社交平台，比如 Facebook、Google 等。为了能够更好地捕捉到消费者，Wish 使用了推荐功能，即 Wish 会搜集 Facebook、Google 等平台用户的数据信息，然后根据这些数据为用户提供产品推荐，以此来实现客流量和销售额的增长。

Wish 作为一个平台仅仅起到为用户及消费者提供渠道的作用，不会参与到卖家与消费者的交易中，所以卖家在 Wish 平台中的交易以及提供给消

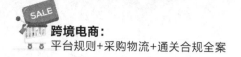

费者的服务都是由卖家自己进行的。

4.2.2　Wish 搜索排名规则

Wish 作为一个基于移动端的 App 与其他平台有着明显的区别，其最大特点在于个性化的精准推送。在 Wish 上，每一位浏览平台的人所看到的产品都不尽相同。

因为 Wish 能够通过 Facebook 账号直接进入，也可以通过谷歌账号直接登录，所以平台会获得一些用户信息，并根据用户的兴趣特征、社会属性、历史记录，给每个人贴上不同的标签，结合用户的需求标签以及产品标签进行结合匹配。

4.2.3　Wish 流量规则

了解 Wish 的流量规则，首先我们应该了解 Wish 推送主要会抓取哪些信息。

（1）标题与描述。卖家提炼商品卖点到标题之中。标题的描述，即 listing 的描述，需要简洁明了。

（2）图片。图片最好是正方形，系统推荐 800×800，但实际操作可以考虑 600×600，因为 Wish 主要是移动平台，600×600 在手机屏幕上视觉效果更加适合，提升消费者的浏览体验。

（3）标签设置。标签的设置主要遵循三点原则，即简单、概括、清晰。其规律是：从大范围到小范围，从宽泛到精准。标签的设置需与商品的长尾关键词相结合。

（4）商品价格。商品价格需围绕市场行情来定，不能过高或过低。一般来讲，性价比较高的产品更容易得到 Wish 的推送，Wish 平台的热销商品，价格区间在 15 ～ 30 美元。

除应该了解 Wish 的流量规则，卖家还需要了解以下影响推送的因素。

（1）商品转化率因素。商品转化率过低，会导致系统获取商品的信息少，从而曝光量也会变得较低，推送机会小。相反，如果转化率高，系统获取商品的信息就多，从而会获得更多的推送。

（2）商品评价。商品的好评率越高，店铺的信誉相应也就越高，这将会大大提升 Wish 系统获取商品信息以及被推送的概率。

（3）商品库存。相同产品，价格平稳、库存多的有更大概率被优先曝光。与此同时，还有物流的时效性。订单处理是否及时，发货是否及时，这些都可以影响到商品的推送。

（4）类目划分。卖家通过划分商品类目属性，能够拥有更多的流量入口。

（5）站内信回复。体现在卖家站内信回复的速度，越早回复站内信，越有利于商品得到推送。

4.3　Wish 重要政策解析

卖家要想在 Wish 平台上开店，就需要了解 Wish 平台特有的政策，遵守相关规定，以免受到严重的损失。

4.3.1　Wish 的收费政策

根据商家 Wish 账户中注明的条款或商家可能与 Wish 签订的任何其他协议的条款，Wish 将在商品售出时从商家提供给 Wish 的定价中抽取一定百分比的费用。

如果商家在通过 Wish 的服务或在与 Wish 的服务有联系的情况下销售商品时使用其他服务或产品功能，Wish 可能会就这些服务或产品功能收取某些额外或不同的费用。

如果 Wish 推出与通过 Wish 服务或在与 Wish 的服务有联系的情况下销

售商品相关的新服务或产品功能，则该服务或产品功能的费用将在启动服务或产品功能时生效。除非另有说明，否则所有费用均以美元（USD）报价。

在某些情况下，包括但不限于无效的交易，Wish 可以在商家的账单中借记适用费用。

除商家服务条款或税费政策中规定者外，商家有责任支付与使用 Wish 和在 Wish 上销售相关的所有费用与适用税项。

Wish 开店不需要租金，卖出产品后收取这件商品的收入（售价＋邮费）的 15% 作为佣金，没有售出则不产生佣金。

4.3.2　Wish 的放款政策

Wish 放款时间为每月的 1 日和 15 日。产品在 Wish 规定时间内运达，订单确认收货（可以是物流信息显示妥投，也可以是买家主动确认收货）5 天后，转为可支付状态。

卖家应确认收货所发生的时间点（针对过去的每一个订单）。1 日放款之后至 15 日放款之前，达到放款条件的订单会在 15 日统一放款；每 15 日放款之后至下个月 1 日放款之前，会在 1 号统一放款。

罚款的尾款：对被罚款的产品，若是店铺因为被非仿品的问题冻结，店铺资金将会在 3 个月之后返还，其间产生的任何退款都由卖家承担；若是店铺因被查到仿品，且情况严重，那么这个仿品的所有销量金额将全部冻结，2 年后返还，且所有订单的 ID 将会被记录。

提前放款和超长账期。

1.20% 订单金额提前放款

商户使用 Wish 官方物流线上结算服务的物流订单，若创建成功并有有效跟踪信息（物流跟踪节点为"从机场发往目的国"），即可享受提前放款的平台优惠。Wish 平台对符合上述要求的订单提前支付金额的 20%，商户可在下一个结算日收到。

2. 最长 10 天账期服务

账期开通后，部分商户可以享受一周账期加上 3 天还款期的服务。每周一，系统都会自动生成上一自然周的账单，商户仅需在周三前（含周三）完成还款即可。账期服务长达 10 天。

Wish 将对申请商户进行评估，符合平台要求的商户可以享受 10 天的账期服务。如遇国家法定节假日自动顺延至下一个工作日。

4.3.3　Wish 的罚款政策

1. 延时发货罚款政策

（1）对于 2018 年 4 月 12 日以及此日后生成的所有订单，延时发货的订单将会按照"新履行订单政策 5.5"予以罚款。如果自订单生成起至物流服务商确认发货的时长超过 168 小时（7 个自然日），那么该订单将被判定为延时发货。

（2）延迟发货的订单将面临罚款的处罚：20% 订单金额或 1 美元，取金额较高者。订单金额为订单数量×（产品售价＋产品运费）。

2. 使用虚假物流单号的罚款政策

若 Wish 商户使用虚假物流单号完成订单履行，那么商户将被处以 100% 订单金额，外加单个订单 100 美元的罚款，同时将面临被暂停交易的风险。以上 Wish "虚假物流单号"罚款政策对于在 PST 时间（北美太平洋标准时间）6 月 20 日零点及之后标记为"已发货"或对物流跟踪信息进行修改的订单生效。

4.3.4　Wish 的封号政策

在 Wish 平台上，如果你的产品退货率高，可能会被封号。如果是物流时间长等与产品质量关系不大的原因，通过申诉一般可以解封。如果产品质量有问题或有人投诉侵权，而且情况属实，卖家需要将所有产品下架，如果卖家觉得这是买家的诽谤，那么卖家可以提供足够的证据向平台申诉。

在 Wish 上账号被封会出现以下情况：账户访问受限、店铺的产品不允许再上架销售、店铺的付款保留三个月，如严重违反 Wish 政策，店铺的销售额将被永久扣留。

账号被封的原因可能有如下几种。

1. 询问顾客个人信息

如果商户向顾客索取他们的个人信息（包括电邮地址），商户账号将有被暂停的风险。

2. 要求顾客汇款

如果商户要求用户直接打款，其账号将会存在被暂停的风险。

3. 提供不适当的用户服务

如果商户提供了不适当的服务，其账号将会存在被暂停的风险。

4. 欺骗顾客

如果商户欺骗顾客，其账号将会存在被暂停的风险。

5. 要求顾客访问 Wish 以外的店铺

如果商户要求顾客访问 Wish 以外的店铺，商户账号将处于被暂停的风险，或者面临每次 10 000 美元的罚款。请查看欺骗性履行订单政策了解更多信息。

6. 销售假冒或侵权产品

如果商户的店铺正在销售假冒或侵权产品，商户账号将有被暂停的风险。

7. 违反 Wish 商户政策

如果商户利用 Wish 政策谋取自己的利润，该商户账号将处于被暂停的风险。

8. 关联账号

如果商户的店铺与另一被暂停账号关联，商户账号将有被暂停的风险。

9. 高退款率

如果商户退款率过高，那么该账号有被暂停交易的风险。

10. 高自动退款率

如果商户的自动退款率过高，则账号有被暂停交易的风险。

11. 高拒付率

如果商户的店铺拥有无法接受的高拒付率，商户账号将处于被暂停的风险。

12. 重复注册账号

如果商户在 Wish 注册多个账号，商户账号将处于被暂停的风险。

13. 使用无法证实的跟踪单号

如果商户的店铺拥有大量不带有效跟踪信息的单号，商户账号将处于被暂停的风险。

14. 店铺发空包给顾客

如果商户给顾客发送空包，其账号将会存在被暂停的风险。

15. 使用虚假跟踪单号

若商户使用虚假物流单号，该账号将面临被罚款或暂停交易的风险。

16. 发送包裹至错误地址

如果商户店铺存在过多配送至错误地址的订单，其账号将有被暂停交易的风险。

17. 高延迟发货率

如果商户的延迟发货订单比率过高，则该商户存在账号被暂停的风险。

18. 过高比例的禁售品或虚假物流订单

如果商户的禁售品订单和 / 或虚假物流订单与收到订单总数之比非常高，则其账号将可能面临被暂停交易、扣留货款和减少产品展现量的惩罚。禁售品包括但不仅限于误导性产品。

4.3.5　Wish 的退货政策

（1）对于订单发货前发生的退款，商户将不能获得款项。如果订单发货前取消订单或退款，则 Wish 商户将不能获得付款。

（2）商户退款的所有订单都不符合付款条件。如果 Wish 商户向某个订单退款，商户将不能获得该笔订单的款项。

（3）对于缺乏有效或准确跟踪信息的订单，商户承担全部退款责任。如果订单的跟踪信息无效、不准确或缺少此类信息，商户必须承担该订单的全部退款成本。

（4）对于经确认属于延迟履行的订单，由商户承担全部退款。如果确认履行日为购买后 10 天以上，Wish 商户应对该订单退款负 100% 责任。

（5）对于配送时间过度延迟的订单，商户负责承担 100% 的退款责任。若在下单的 × 天（不同目的地国家 / 地区对应天数）后订单仍未确认妥投，因此产生的退款，商户承担 100% 的退款费用。

（6）商户负责由于尺寸问题而产生的全部退款成本。如果 Wish 用户由于尺寸问题而要求退款，由商户承担全部退款成本。

（7）对于商户参与诈骗活动的订单，由商户承担全部退款成本。如果商户实施诈骗活动或规避收入金额，则承担诈骗订单的全部退款成本。

（8）商户负责由于商品送达时被损坏而产生的全部退款成本。如果由于商品送达时被损坏而产生退款，商户承担全部退款成本。

（9）商户负责由于商品与商品介绍不符而产生的全部退款成本。如果由于商品与商品介绍不符而产生退款，Wish 商户承担全部退款成本。提示：产品图片应该准确描述正在出售的产品。产品图片和产品描述不一致会导致卖家以商品与清单不符为由发起退款。

（10）如果账号被暂停，由店铺承担全部退款。如果在商户账号暂停期间发生退款，由商户承担全部退款成本。

（11）对于退款率极高的产品，其在任何情况下产生的退款都将由商户承担全部退款责任。Wish 商户的每个极高退货率的产品都将会收到一条违规警告，今后，在该产品的所有订单中所产生的任何退款将由商户承担全部责任。此外，退款会从上次付款中扣除。

退款率是指某个时段内退款订单数与总订单数之比。低于 5% 的退款率是可接受的。根据具体的退款率，该产品可能会被 Wish 移除。未被 Wish 移除的高退款率产品将会被定期重新评估。若该产品保持低退款率，那么商户将不再因此政策而承担该产品的全部退款责任。

（12）对于被判定为仿品的产品，商户将承担 100% 的退款。Wish 平台禁止销售仿冒品。侵犯知识产权的产品将被直接移除，商户也将 100% 承担相关退款。

（13）商户将因配送至错误地址而承担 100% 退款责任。如果因商品配送至错误地址而产生退款，那么该商户将承担 100% 的退款责任。

（14）商户将为任何不完整订单承担 100% 退款责任。如果因订单配送不完整而产生退款，那么商户将承担 100% 的退款责任。不完整订单是指商户没有配送正确数量的产品或者没有配送该产品的所有部件。

（15）对于被退回发货人的包裹，商户将承担所产生的全部退款。如果投递失败并且物流商将商品退还至发送方，商户将承担退款的 100% 责任。

（16）商户需要对低评价产品承担全部退款。对于每个平均评价极低的产品商户会收到相应的违规通知。Wish 商户需对该产品在未来的和追溯到最后一次付款的所有订单的退款费用负 100% 责任。根据平均评分，该产品可能会被 Wish 移除。未被移除的平均低评价产品将会被定期重新评估。

如果发现产品有一个评价已经不再是不可接受的低，那么根据这一政策商户将不再需要对退款负 100% 的责任。

（17）任何客户未收到产品的订单，商户承担 100% 的退款费用。若包裹跟踪记录显示妥投，但客户未收件，商户承担 100% 的退款费用。

（18）若商户通过非 Wish 认可的合作配送商配送订单，则其将承担 100% 的退款责任。如果一件商品以不可接受的承运商来配送，那么商家将会承担 100% 的退款责任。

（19）如果店铺有着不可接受的高退款率，商户将无法获得退款订单的款项。如果商户的 Wish 店铺有着不可接受的高退款率，商户需对未来所有订单的退款承担 100% 的责任。当店铺的退款率得以优化，不再属于不可接受的高退款率后，商户将承担正常的退款责任。

第 5 章

速卖通——阿里巴巴的跨境电商平台

　　全球速卖通（AliExpress），是阿里巴巴旗下面向全球市场打造的在线交易平台，被广大卖家称为"国际版淘宝"，是中国最大出口 B2C 电商平台，也是全球第三大英文在线购物网站。全球速卖通已经覆盖 220 多个国家和地区的买家，覆盖服装服饰、3C、家居、饰品等 30 个一级行业类目。

5.1 如何在速卖通开店

在速卖通上，个人卖家是无法开店的，卖家需要以企业身份注册，通过企业支付宝账号完成企业认证。

5.1.1 速卖通的开店条件

速卖通有两种销售计划类型——标准销售计划和基础销售计划供商家选择，一个店铺只能选择一种销售计划类型。标准销售计划和基础销售计划的区别，如表 5-1 所示。

表 5-1 标准销售计划和基础销售计划的区别

	标准销售计划	基础销售计划	备　　注
店铺注册主体	企业	个体工商户 / 企业均可	注册主体为个体工商户的卖家店铺，初期仅可申请"基础销售计划"，当"基础销售计划"不能满足经营需求时，满足一定条件可申请并转换为"标准销售计划"
开店数量	不管是个体工商户还是企业主体，同一注册主体下最多可开 6 家店铺，每个店铺仅可选择一种销售计划		

续表

	标准销售计划	基础销售计划	备　注
年费	年费按经营大类收取，两种销售计划收费标准相同		
商标资质	√	同标准销售计划	
类目服务指标考核	√	同标准销售计划	
年费结算奖励	中途退出：按自然月返还未使用年费；经营到年底：返还未使用年费，使用的年费根据年底销售额完成情况进行奖励	中途退出：全额返还；经营到年底：全额返还	无论哪种销售计划，若因违规违约关闭账号，年费将不予返还
销售计划是否可转换	一个自然年内不可切换至"基础销售计划"	当"基础销售计划"不能满足经营需求时，满足以下条件可申请"标准销售计划"（无须更换注册主体）：1）最近30天GMV≥2 000美元 2）当月服务等级为非不及格（不考核+及格及以上）	
功能区别	可发布在线商品数≥3 000	1. 可发布在线商品数≤500；2. 部分类目暂不开放基础销售计划；3. 每月享受3 000美元的经营额度（买家成功支付金额），当月支付金额≥3 000美元时，无搜索曝光机会，但店铺内商品展示不受影响；下个自然月月初，搜索曝光恢复	无论何种销售计划，店铺均可正常报名参与平台各营销活动，不受支付金额限制

特殊类目（Special Category）不单独开放招商，而是采取随附准入制度，即只要卖家获准加入特殊类目所在经营范围的任一经营大类，即可获得特殊类目（Special Category）的商品经营权限。

5.1.2　速卖通的开店流程

1. 了解速卖通的入驻标准

只有合法登记的企业用户，并且能够提供速卖通入驻要求的所有相关文件，才能入驻速卖通。

2. 准备入驻速卖通的相关材料

（1）查看并选择您想要经营的项目，进行入驻前的资料准备；

（2）资料准备齐全后，按以下步骤完成卖家账号注册及认证，如图 5-1 所示。

图 5-1　卖家账号注册及认证

3. 点击"我要入驻"提交资料，等待项目入驻资质审核（初审、复审）

4. 缴纳类目技术服务年费

5. 申请商标资质权限

上述步骤都完成且通过审核后，便可在速卖通平台开店。

5.2　速卖通详细介绍

5.2.1　速卖通的优势特点

1. 平台入驻门槛低

速卖通平台对卖家没有企业组织形式与资金的限制，可以直接面向全球多个国家的消费者和小型跨境电商企业。

2. 交易流程手续简便

出口商无须成立企业形式，也无须在外经贸委和外汇管理局等机构备案。无须出口报检。出口报关、进口报关全由速卖通物流方简单操作完成。买卖双方的订单生成、发货、收货、支付均可在线上完成。双方的操作模式与国内淘宝操作类似，非常简便。卖家通过第三方物流迅速发货，买家通过银行卡进行交易支付。

3. 无关税支出

由于速卖通业务的单笔订单成交金额少，因此送出去的包裹价值普遍较低，没有达到进口国海关的关税最低起征点，因而无关税支出，这大大降低了消费者的购买成本。因此，速卖通平台上的商品具有较强的价格竞争优势。

5.2.2　速卖通的收费政策

速卖通提供线上信息发布及交易技术服务，卖家应为准入的各店铺根据其入驻的不同经营大类分别缴纳技术服务年费（以下简称"年费"）。

（1）卖家获得准入后应一次性缴纳年费。

（2）年费按照自然月结算。如卖家实际经营未满一年，且不存在规定的任何违约及违规情况被关闭账号，速卖通将根据实际入驻时间（按自然月计算，未满一个月的按一个月计算，退出当月不收费）扣除年费并退还未提供服务期间的年费。

（3）如卖家因以下原因受到相关处罚，所缴年费全额不予退还，未提供技术服务的年费将作为违约金扣除：

①严重违反协议、卖家规则等（如售假、炒信炒销量或严重扰乱平台秩序等任何行为）被关闭账号的；

②在该经营大类下发布非该经营大类所属商品，规避速卖通类目准入政策，速卖通将依据严重扰乱平台秩序等规则执行账号处罚的；

③卖家通过作弊手段进行年销售额作假，速卖通将依据严重扰乱平台秩序等规则执行账号处罚的。

（4）如有可退还年费，年费将退还至店铺国际支付宝实时绑定的人民币提现账号。

另外，商家在速卖通经营需要按照其订单销售额的一定百分比（简称"费率"）交纳佣金。

5.3 速卖通相关规则"大盘点"

速卖通按照系统设定的统一算法进行平台商品的排序。商品在搜索页面的排序包含多种因素。

5.3.1 速卖通搜索排名规则

速卖通与 eBay 一样，都采用搜索排名规则。影响速卖通搜索排名的主要因素是搜索词与产品相关性和产品本身的质量。包括以下四点：

（1）搜索词与产品本身描述是否相关；

（2）搜索词和产品类目是否相关；

（3）产品的本身质量情况；

（4）卖家服务水平好坏。

5.3.2　速卖通知识产权规则

（1）为保证消费者权益，卖家申请经营商标产品需提供系统要求的商标注册证、授权书或进货发票，审核通过后方可发布商标商品。本规则下"商标"是指已获得法定商标管理部门颁发的商标注册证或商标受理通知书的商标。

（2）限制类商标的准入和经营限制。店铺不得销售涉嫌不正当竞争的相关商标（"限制类商标"），即属于任一下列类型的商标或品牌：

①与速卖通已有的品牌、频道、业务、类目等相同或近似的；

②包含行业名称或通用名称或行业热搜词的；

③包含知名人士、地名品牌的；

④与知名品牌相同或近似的；

⑤纯图形商标。

（3）对于入驻时申请经营限制类商标产品的，速卖通有权拒绝或终止入驻申请；对于已经营限制类商标产品的，速卖通有权要求按照卖家规则规定的程序对相关产品进行下架处理。

（4）影响消费者权利品牌的准入和经营限制。如您经营的品牌在准入中或准入后出现以下情况，平台将有权按卖家规则下架该品牌的商品，不得继续经营。

①品牌商品被速卖通或第三方专业机构证明由不具备生产资质的生产商生产的，或不符合国家、地方、行业、企业强制性标准的。

②该品牌经速卖通或第三方专业机构判定对他人商标、商品名称、包装和装潢、企业名称、产品质量标志等构成仿冒或容易造成消费者混淆、

误认的。

③品牌在经营期间被证明存在高纠纷率、高投诉率、低市场认可度，品牌商品描述平均分严重低于行业平均水平，严重影响消费者体验，经平台告知后在一个月内无明显改善的，具体细则如表 5-2 所示。

表 5-2　速卖通知识产权具体细则

侵权类型	定　义	处　罚　规　则
商标侵权	严重违规：未经注册商标权人许可，在同一种商品上使用与其注册商标相同或相似的商标	三次违规者关闭账号
	一般违规：其他未经权利人许可使用他人商标的情况	1. 首次违规扣 0 分； 2. 其后每次重复违规扣 6 分； 3. 累计达 48 分者关闭账号
著作权侵权	严重违规：未经著作权人许可复制其作品并进行发布或者销售，包括图书、电子书、音像作品或软件等	三次违规者关闭账号
	一般违规：其他未经权利人许可使用他人著作权的情况	1. 首次违规扣 0 分； 2. 其后每次重复违规扣 6 分； 3. 累计达 48 分者关闭账号
专利侵权	外观专利、实用新型专利、发明专利的侵权情况 （一般违规或严重违规的判定视个案而定）	1. 首次违规扣 0 分； 2. 其后每次重复违规扣 6 分； 3. 累计达 48 分者关闭账号 （严重违规情况，三次违规者关闭账号）

5.3.3　速卖通交易规则

（1）卖家在速卖通所使用的邮箱不得包含违反国家法律法规、涉嫌侵犯他人权利或干扰全球速卖通运营秩序的相关信息，否则速卖通有权要求卖家更换相关信息。

（2）卖家在速卖通注册使用的邮箱、联系信息等必须属于卖家授权代表本人，速卖通有权对该邮箱进行验证；否则速卖通有权拒绝提供服务。

（3）卖家有义务妥善保管账号的访问权限。账号下（包括但不限于卖家在账号下开设的子账号内的）所有的操作及经营活动均视为卖家的行为。

（4）全球速卖通有权终止、收回未通过身份认证或连续 180 天未登录速卖通或 TradeManager 的账户。

（5）用户在全球速卖通的账户因严重违规被关闭，不得再重新注册账户；如被发现重新注册了账号，速卖通有权立即停止服务、关闭卖家账户。

（6）速卖通的会员 ID 在账号注册后由系统自动分配，不可修改。

（7）认证、准入及开通店铺。速卖通平台接受依法注册并正常存续的个体工商户或公司开店，并有权对卖家的主体状态进行核查、认证，包括但不限于委托支付宝进行实名认证。通过支付宝实名认证进行认证的卖家，在对速卖通账号与支付宝账户绑定过程中，应提供真实有效的法定代表人姓名身份信息、联系地址、注册地址、营业执照等信息。

（8）商品发布后，卖家将在平台自动开通店铺，即基于速卖通技术服务、用于展示商品的虚拟空间（"店铺"）。除本规则或其他协议约定外，完成认证的卖家在速卖通可最多开设 6 个虚拟店铺。店铺不具独立性或可分性，是平台提供的技术服务，卖家不得就店铺进行转让或任何交易。

（9）卖家承诺并保证账号注册及认证为同一主体，认证主体即为速卖通账户的权责承担主体。如卖家使用阿里巴巴集团下其他平台账号（包括但不限于淘宝账号、天猫账号、1688 账号等）申请开通类目服务，卖家承诺并保证在速卖通认证的主体与该账号在阿里巴巴集团下其他平台的认证主体一致，否则平台有权立即停止服务、关闭速卖通账号。同时，如卖家使用速卖通账号申请注册或开通阿里巴巴集团下其他平台账号，承诺并保证将使用同一主体在相关平台进行认证或相关登记，否则平台有权立即停止服务、关闭速卖通账号。

（10）完成认证的卖家不得在速卖通注册或使用买家账户，如速卖通有合理依据怀疑卖家以任何方式在速卖通注册买家账户，速卖通有权立即关闭买家会员账户，且对卖家依据本规则进行市场管理。情节严重的，速卖通有权立即停止对卖家的服务。

（11）卖家不得以任何方式交易速卖通账号（或其他卖家的权利义务），包括但不限于转让、出租或出借账户。如有相关行为的，卖家应对该

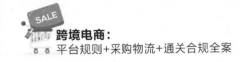
账号下的行为承担连带责任,且速卖通有权立即停止服务、关闭该速卖通账户。

(12)完成认证、入驻的卖家主动退出或被退出速卖通平台、不再经营的,平台将停止卖家账号下的类目服务权限(包括但不限于收回站内信、已完结订单留言功能及店铺首页功能等)、停止店铺访问支持。若卖家在平台停止经营超过一年(无论账号是否使用),平台有权关闭该账号。

(13)速卖通店铺名和二级域名需要遵守命名规范《速卖通二级域名申请及使用规范》,不得包含违反国家法律法规、涉嫌侵犯他人权利或干扰全球速卖通运营秩序等相关信息,否则速卖通有权拒绝卖家使用相关店铺名和二级域名,或经发现后取消店铺名和二级域名。

5.3.4 速卖通放款规则

1. 放款规则

放款时间。速卖通根据卖家的综合经营情况(例如,纠纷、评价、退款等数据指标)评估订单放款时间。

①发货后 3 ～ 5 天进行放款;

②买家保护期结束后放款(买家保护期结束,指买家确认收货 / 买家确认收货超时 +15 天);

③发货后 180 天放款。

2. 放款方式

(1)账号正常:提前放款,放款比例为 70% ～ 95%,比例根据账号经营表现有所不同;一般放款,放款比例为 100%。

(2)账号关闭,放款比例为 100%。

3. 常见问题

(1)账户的放款时间和方式发生变化。

原因：系统每个月3日会对卖家的数据指标进行考核，根据整体经营情况决定卖家本月的放款时间和方式。

案例：卖家A在4月的放款时间是在发货后3～5天，5月3日考核数据指标不符合，系统会自动将卖家发货订单的放款时间调整为在买家保护期结束后放款。

（2）发货后就放款的卖家，并不是所有订单均可享受发货后放款。

原因：平台识别到该单笔订单有异常或高风险的情况，每个卖家会有一个放款额度，当放款额度达到上限之后发货订单也需要在买家保护期结束后进行放款。

案例：账户本月考核结果是在发货后3～5天放款，会出现有的订单在发货后就放款，有的订单还是在买家保护期完成后才放款的情况。

（3）针对放款额度已满情况的解决方案。卖家可以使用稳定高效的物流方式，在买家收到货后请买家及时确认收货；当买家确认收货或订单超时后，该订单的额度就释放出来，其他发货后的订单就可以放款。

5.3.5　速卖通评价规则

在速卖通，信誉评估指的是交易双方评价对方信誉的过程，包含了五分制评分和谈论两部分。

卖家分项评分，指的是订单结束后买家匿名对卖家描绘商品的准确性、交流质量及回答速度、商品运送时刻合理性三方面作出综合性评估，是买家对卖家作出的单向评分。与信誉评估不同的是，卖家分项评分只能是买家向卖家作出评价，而信誉评估则是买卖双方进行互评。

（1）卖家发货的订单，在交易结束后30天内双方均可对此订单作出评价。关于速卖通信誉评估，如双方都未给出评价，则该订单不会有任何评价的记录；如一方在评价期间作出评价，而另一方未评，那么系统不会给评估方默许评估。

（2）产品/商家好评率（Positive Feedback Ratings）和商家信誉积分

（Feedback Score）的核算：

①一样买家在同一个天然旬（天然旬即为每月 1—10 日，11—20 日，21—31 日）内对同一个卖家只作出一个评估的，该买家订单的评估星级则为当笔评估的星级（天然旬核算的是美国时刻）；

②一样买家在同一个天然旬内对同一个卖家作出多个评估，依照评估类型（好评、中评、差评）分别汇总核算，即好中差评数都只各计一次（包含 1 个订单里有多个产品的状况）。

③在卖家分项评分中，同一买家在一个天然旬内对同一卖家的产品描绘的准确性、交流质量及回答速度、商品运送时刻合理性三项中某一项的多次评分只算一个，该买家在该天然旬对某一项的评分核算方法如下：平均评分 = 买家对该分项评分总和 / 评估次数（四舍五入）。

④速卖通卖家所得到的信誉评估积分决定了卖家的信誉等级。

（3）评估档案包含近期评估摘要（会员公司名、近 6 个月好评率、近 6 个月评估数量、信誉度和会员开始日期），评估前史（1 个月、3 个月、6 个月、12 个月及前史累计的时刻跨度内的好评率、中评率、差评率、评估数量和平均星级等目标）和评估记载（会员得到的一切评估记载、给出的一切评估记载以及在指定时刻段内的指定评估记载）。

好评率 =6 个月内好评数量 /（6 个月内好评数量 +6 个月内差评数量）；差评率 =6 个月内差评数量 /（6 个月内好评数量 +6 个月内差评数量）；平均星级 = 一切评估的星级总分 / 评估数量。卖家分项评分中各单项平均评分 = 买家对该分项评分总和 / 评估次数（四舍五入）。

（4）关于信誉评估，买卖双方都能对收到的差评进行回复。

（5）速卖通有权对评估内容中包含人身攻击或不恰当的言论进行删除。如果删除了买家信誉评估，那么卖家分项评分会被删除。

（6）速卖通保留改变信誉评估系统包含评估方法、评估率核算方法、各种评估率等权利。

5.3.6　速卖通促销规则

卖家在速卖通平台的交易情况需满足以下条件，才有权申请加入平台组织的促销活动。

1. 有交易记录的卖家，需满足如下条件

（1）好评率≥90%。

（2）店铺 DSR 商品描述平均分≥4.5。

（3）速卖通平台对特定促销活动设定的其他条件。

（**备注**：上述的"好评率"店铺 DSR 商品描述平均分非固定值，不同类目、特定活动或遇到不可抗力事件影响，会适当进行调整）

2. 无交易记录的卖家

由速卖通平台根据实际活动需求和商品特征制定具体卖家准入标准。

卖家在促销活动中应该遵守国家法律、法规、政策及速卖通规则，不得发生涉嫌损害消费者、速卖通及任何第三方正当权益，或从事任何涉嫌违反相关法律法规的行为。

卖家在促销活动中发生违规行为的，速卖通平台有权根据违规情节，禁止或限制卖家参加平台各类活动。情节严重的，速卖通平台有权对卖家账号进行冻结、关闭或采取其他限制措施。具体规定如表 5-3 所示。

表 5-3　违规处理办法

违 规 行 为	违规行为定义	违 规 处 罚
出售侵权商品	是指促销活动中，卖家出售假冒商品、盗版商品等违反第 72 条规定的产品或其他侵权产品	取消当前活动参与权；根据速卖通相应规则进行处罚
违反促销承诺	是指卖家商品从参加报名活动开始到活动结束之前退出促销活动，或者要求降低促销库存量提高折扣，提高商品和物流价格、修改商品描述等行为	取消当前活动参与权，根据情节严重程度确定禁止参加促销活动 3～9 个月；根据速卖通相应规则进行处罚

续表

违 规 行 为	违规行为定义	违 规 处 罚
提价销售	是指买家下单后，卖家未经卖家允许，单方面提高商品和物流价格行为	取消当前活动参与权，根据情节严重程度确定禁止参加促销活动3～9个月；根据速卖通相应规则进行处罚
成交不卖	是指在买家下单后，卖家拒绝发货的行为	根据情节严重程度，禁止参加促销活动6个月
不正当牟利	是指卖家不正当手段谋取利益的行为，包括：①向速卖通工作人员或关联人士提供财务、消费、款待和商业机会等。②会员通过其他手段向速卖通工作人员谋取不正当利益的行为	根据不正当谋利的规则执行处罚，关闭商家店铺
强制销售	是指卖家在促销活动中，单方面强制要求买家必须买下其他商品或服务，方可购买本促销商品的行为	禁止参加促销活动12个月；根据速卖通相应规则进行处罚

第 6 章

敦煌网——专注跨境批发的跨境电商平台

敦煌网（DHgate.com，简称 DHgate）成立于 2004 年，是中国最早的从事跨境交易的电商平台之一，同一时期的很多跨境平台都是以信息撮合为主。

敦煌网经过 15 年发展，已经成为跨境 B2B 交易赛道上的佼佼者，它和其他 B2C 跨境电商平台不同，敦煌网上的商家，并不以别的国家的最终消费者为目标人群，而是以目标国家的线上、线下中小零售商为目标人群，很多缺乏产业供应链的国家的中小零售商，会通过敦煌网向中国工厂小批量多频次地采购商品，然后通过亚马逊、eBay 以及当地的电子商务平台销售给最终消费者。

作为多个国家中小零售商的主要线上进货渠道，敦煌网有着令人羡慕的稳定的老客户复购率，比传统的 B2C 平台更高的客单价。截至 2019 年 6 月，敦煌网海外客户已经超过 2 500 万，每年活跃定期采货的海外中小零售商超过 200 万家。

敦煌网同时拥有自己的跨境支付工具 DHpay 和自己的跨境物流体系 DHlink。

6.1 如何在 DHgate 开店

DHgate 的核心业务品类主要为时尚产品，包括服装鞋帽、配饰、各种时尚包包、户外用品、家居百货用品、3C 类产品。因为这个平台拥有与其他平台不同的海外线上线下零售商资源，选择做海外批发的众多中国商家优先选择了敦煌网。怎么才能在敦煌网这个全球最大的批发市场开档口呢？我们一起来看看。

6.1.1 DHgate 的开店条件

无论是企业还是个体商户，都能够以卖家身份在敦煌网平台上进行销售，一个企业或者个体工商户最多可以开 10 个店铺，分别属于不同的品类，前提是需要在卖家营业执照的经营范围之内。开店资质要求如下：

（1）营业执照。

（2）法人以及经营者的身份证。

（3）货品的进货发票。

（4）产品图片。

6.1.2 DHgate 的开店流程

（1）登录 www.dhgate.com。

（2）点击首页频道栏"商家首页"，在下拉菜单中点击"我要开店"。

（3）在注册流程页面填上相应信息。

（4）在手机和邮箱中验证。

（5）缴费。敦煌网平台使用费是299元一个季度，或者599元半年，或者999元一年。

（6）认证。需要上传营业执照、法人身份证、联系人身份证，并要求联系人手持身份证拍照。

（7）认证通过就可以上传产品。

6.2　平台优势及规则

对海外的线上线下中小零售商而言，敦煌网是一个能够快速了解中国供应商的货品，并能直接小批量采购的好渠道。

6.2.1　平台优势

随着移动互联网的普及，用户消费行为发生了很大变化，线上和线下多渠道采购、消费需求多样化成为不可逆转的趋势，中小零售商也需要快速适应消费者需求的变化，他们需要获得更多的进货渠道，而敦煌网恰好能非常好地解决他们面对的用户需求多样化的问题。

对中国的工厂、批发商来说，敦煌网的买家和别的B2C平台的买家不一样，别的跨境B2C平台的买家是最终的消费者，他们对价格敏感，但是忠诚度却很不容易建立起来；敦煌网的买家大多是中小零售商，线上线下都有，他们其实是渠道，这些中小零售商一旦和敦煌网的卖家建立起联系，就会相对忠诚，因为敦煌网会成为他们的主要进货渠道之一，而且轻易不会调整，尤其在没有更多选择的情况下。

敦煌网基于多年的翻译语料，联合搜狗推出的翻译AI，解决了很多外语不好的商家的跨境沟通问题。国外买家发送的邮件、站内信和使用敦煌的即时聊天工具发来的信息，都会被自动翻译成中文，卖家只要回复中文，国外买家收到的信息就是他们自己国家的语言。另外还有一个产品——敦煌网跨贸云，可以一键将敦煌网店铺直接搬到亚马逊和 Wish 上。这两个产品确实为商家提供了很不错的便利服务。

6.2.2 敦煌网搜索排名规则

敦煌网搜索的排序，一部分的加权来自增值付费产品——骆驼服务，在其他的加权因子中，主要还是销量和转化率，同时发货时间、客户评价等也是很重要的影响因素。

敦煌网的广告投放和各个海外搜索引擎的 SEO 做得不错，敦煌网上的商家如果店铺多，产品数量多，在获取免费流量上会有一定优势。

目前一般店铺可以发布 2 000 个产品。

6.2.3 DHgate 禁限售商品清单

1. 禁售清单（见表 6-1）

表 6-1　禁售清单

产品类别	禁售产品及信息	说明及举例（不仅限于以下举例）
毒品类	毒品、麻醉品、制毒原料、制毒化学品、致瘾性药物	罂粟花种子、白粉、海洛因等
	帮助走私、存储、贩卖、运输、制造、使用毒品的工具	大麻生长灯等
	制作毒品的方法、书籍	
	吸毒工具及配件	
枪支武器类	核武器等其他大规模杀伤性产品	弹药、军火等
	枪支及枪支配件	真枪、消音器、枪托、子弹匣、握把、扳机等

续表

产品类别	禁售产品及信息	说明及举例（不仅限于以下举例）
枪支武器类	仿真枪及枪支附件	气枪、钢珠枪、彩弹枪及任何形式的伪装枪、枪瞄仪等
	防弹防刺背心、头盔	
Ⅲ类医疗器械/药品	处方药、非处方药、中草药	药膏、喷雾类药品，催情、延时功能的药膏、喷雾，精油类性保健品、减肥药膏、艾叶香薰等
	Ⅲ类医疗器械	医用针管注射器、隐形眼镜、牙齿美白胶、牙齿美白剂等
	制药设备	制药模具、药品压片机、胶囊抛光机、胶囊填充机等
特殊用途化妆品	祛斑、防晒、美白、祛皱、消炎等治愈治疗效果的化妆品	睫毛增长液、美白膏等
	育发、染发、烫发类产品	育发剂、染发剂等
	脱毛、美乳、健美、除臭类产品	脱毛蜡、丰胸膏等
影响社会治安类	管制刀具及其伪装刀具	匕首、三棱刮刀、跳刀、血槽刀、皮带刀、银行卡刀、口红刀等
	弓弩	
	开锁器	
化学品类	易燃易爆商品	烟花、爆竹、灭火器、石棉及含有石棉的产品、固体酒精、油漆、火柴、打火石等
	化学品	高锰酸钾、硝酸铵等
	点火器及配件	含有可燃气体或液体的打火机等
色情暴力	含有露骨情色、淫秽或暴力内容的产品	含有色情淫秽内容的书籍、音像制品及视频等（不包括成人用品图片展示违规，如情趣内衣产品模特姿势展示不雅等）
	未成年人色情	年幼充气娃娃
	宣传血腥、暴力及不文明用语	
安全隐患类	容易导致他人受伤的产品或防身器具	安全气囊、飞镖、尖锐指尖陀螺、电击棍棒、手电或电击玩具、强力磁铁组件（球形、立方体或长方体等形状）玩具等
烟酒类	烟类	香烟、烟草、戒烟贴、烟油、卷烟纸等
	酒类	白酒、红酒、鸡尾酒等

续表

产品类别	禁售产品及信息	说明及举例（不仅限于以下举例）
货币类	流通货币、伪造变造的货币以及印制设备	美元、英镑、假币、印钞机等
	虚拟货币	比特币、莱特币、比奥币、狗币等
	面值纪念币、流通纪念币	含有数值的纪念币
国家保护文物	古文物、化石及其他收藏品	青铜器、古币等
	不可预估价值的产品	
人体器官/动植物	人体器官、遗体	肾脏、肝脏等
	动植物的活体及其器官或其他制成品	皮毛、标本、象牙制品等
	非法动物捕杀工具	电鱼机、鱼枪、电击狗项圈等
金融类	POS 机、读卡刷卡器	POS 刷卡机等
	信用卡银行卡信息	信用卡或借记卡
	制卡机设备	
	金融证券等	
电子类	间谍类窃照设备	隐藏式相机（纽扣相机等）
	窃听专用器材	SIM 卡窃听、窃听隐形耳机、手机窃听器、偷听装置等
	芯片解码器	
	信号干扰器	手机信号屏蔽器、手机信号助推器、中继器、GPS 屏蔽器、反 GPS 追踪器、雷达探测器、雷达干扰装置、激光干扰设备、交通灯信号控制装置、CB 放大器、无线电话、Wi-Fi 信号增强器、FM 调频发射机（有效射程为 11 ～ 13 米）、AM 发射机（有效射程为 61 ～ 76 米）等
	AIS 设备	AIS 渔网浮标跟踪设备、AIS 接收器、AIS 雷达等
	升级存储设备	内存超过 256GB 升级 U 盘、升级内存卡、升级硬盘等
	用来获取需授权方可访问的内容的译码机或其他设备	如包含 Kodi（原 XBMC）软件的流媒体播放设备
	大功率激光笔	5Mw 以上的激光笔、0.39Mw 以上的儿童激光玩具产品等

续表

产品类别	禁售产品及信息	说明及举例（不仅限于以下举例）
出版物产品	传播文化知识的媒体	教科书、电子书、期刊、杂志、布书、着色书、乐谱、文身类书籍、地图、魔术书、食谱、早教类书籍、DVD/VCD/CD 等电视剧、电影、音乐、电脑软件、魔术视频、游戏软件、游戏卡、游戏盘等
政治信息类	反动、破坏国家统一、泄露国家机密的产品	
	宣传邪教思想的产品	法轮功书籍等
	容易引起种族歧视、仇恨的产品	Nazi（纳粹）信息、带有希特勒头像的纪念币等
	国徽、国家领导人肖像	印有中国国徽 / 中国国家领导人的杯子等
服务类	任何服务	洗钱、色情、贩卖人口、泄露商业机密、医疗、保健、挂号、讨债、加粉丝或听众服务等
	政府机构颁发的文件、证书、公章、勋章，用于伪造、变造相关文件的工具	邮资盖印机等
赌博类	在线赌博信息	
	赌博机器	角子老虎机
警用品	警用装备	警棍、警用手电筒、警用制服、警车等
虚拟类产品	礼品优惠券、彩票、活动票券等	
违规描述	产品图片或产品描述中包含涉及禁销品类的关键词或产品图片	电子烟描述中含有 weed、marijuana、THC、CBD、hemp 等药品关键词；服装产品展示大麻叶；玩具产品展示药丸等

2. 限售清单

限制销售的产品，指需要取得商品销售的前置审批、凭证经营或授权经营等许可证明才可以发布的产品。卖家须将已取得的合法许可证明提前提交至敦煌网授权邮箱shouquan@dhgate.com进行审核，审核通过后方可发布，如表 6-2 所示。

表 6-2　限 售 清 单

产品类别	需提供销售许可证书	说明及举例
Ⅰ类、Ⅱ类医疗器械	需同时提供如下销售许可证书： 1. 持有中国国家食品药品监督管理总局医疗器械经营许可证或医疗器械经营备案证； 2. 持有美国食品药品监督管理局的 FDA 认证或 510K 报告	听诊器、体温计、血压计、血氧仪等
食品饮料	需同时提供如下销售许可证： 1. 生产型企业须提供《出口食品生产备案证》，贸易型企业须提供《食品经营许可证》及《出口食品生产备案证》与其相关授权及进货证明文件（合同、发票等）； 2. 须符合进口国家要求，如销往美国须提供 FDA 认证，销往加拿大须提供 CFIA 认证	包装食品、休闲食品、茶叶等

（**注**：敦煌网将不时调整以上禁止销售 / 限售产品名单，其他更多禁止销售的产品请参看中国海关及限制进出口商品，美国法律法规禁止进口商品，英国法规禁止销售产品）

6.2.4　DHgate 收费政策

敦煌平台使用费：一个季度 299 元，半年 599 元，一年 999 元。

佣金政策是当单笔订单金额少于 300 美元，平台佣金率调整至 12.5% ～ 19.5%（中国品牌手机平台佣金率调整至 5.5%）。

当单笔订单金额大于等于 300 美元且小于 1 000 美元，平台佣金率调整至 4.0% ～ 6.0%。

当单笔订单金额大于等于 1 000 美元，平台佣金率调整至 0.5% ～ 1.5%。

6.3　卖家账户放款规则

目前，敦煌网支持 EMS、DHL、FedEx、UPS、TNT、USPS、HK Post、China Post、燕文、Equick 等可在线跟踪的货运方式。针对有货运跟踪号的放款方式，设置订单放款规则。

6.3.1 买家主动确认签收

买家确认签收的订单（除被风控调查订单），敦煌网会对订单的货运信息进行核实，如果订单查询妥投，会根据妥投信息作出如下处理，如表 6-3 所示。

表 6-3 买家确认签收的订单处理

类别	货运情况	订单完成时限
第一类	妥投且时间、邮编和签收人都一致	此订单款项可放款至卖家资金账户，订单完成
第二类	妥投且时间、邮编和签收人任意一项不一致	账户放款将可能被延迟或暂停
第三类	部分未妥投、全部未妥投或无查询信息	

6.3.2 买家未主动确认签收，卖家请款

买家未主动确认签收的订单，卖家请款后，敦煌网会先根据卖家上传的运单号核实妥投情况并作出相应处理，如表 6-4 所示。

表 6-4 买家未确认签收的订单处理

类别	货运情况	订单完成时限
第一类	妥投且时间、邮编和签收人都一致	发送催点信给买家，买家在 5 天内未发起任何投诉、协议或者纠纷，也没有邮件回复，将该订单款项放款至卖家资金账户，订单完成
第二类	妥投且时间、邮编和签收任意一项不一致	账户放款将可能被延迟或暂停
第三类	部分未妥投、全部未妥投或无查询信息	

6.3.3 卖家当前账户纠纷率过高

当卖家当前账户纠纷率过高时，卖家账户放款将被延迟，如表 6-5 所示。

表 6-5　卖家纠纷率过高处理办法

卖家账户情况	最早可放款时间
25% ≤ 纠纷率 < 40%	20 天
40% ≤ 纠纷率 ≤ 50%	45 天
纠纷率 > 50%	120 天

6.3.4　无固定期限暂停放款判定规则

当卖家账户或交易违反以下一条或几条规则时，放款将可能被无固定期限暂停：

（1）交易为虚假交易。

（2）卖家实际销售产品为侵权品或禁销品。

（3）卖家关联账户处于因平台调查账户关闭状态。

（4）卖家关联账户处于无固定期限限制提款状态。

（5）卖家账户被司法机关调查中。

（6）卖家账户及其交易涉及其他违法行为。

第 7 章

AI 翻译：解决语言的问题

人工智能（AI）的不断发展，给翻译行业也带来了很大变革。传统人工翻译逐渐被取代，AI 翻译以其翻译速度快、效率高、成本低的优势，逐渐被商家所接受和使用。

7.1 AI 主要的三种翻译人类自然语言的方法

AI 主要用以下三种方式进行翻译：基于规则的机器翻译方法、基于实例的机器翻译方法、基于统计的翻译方法。

7.1.1 基于规则的机器翻译方法

AI 基于规则（Rule-Based）的机器翻译方法的资料储备库是由字典内容和规则库构成的，是一种通过计算得出的语言成果。机译系统是随着语料学产生并发展的，大多数机译系统采用的是基于规则而实现翻译的策略。通过对原语言进行拆解、分析，经过 AI 机器对双方语言的资料储备库的转换，实现目标语言翻译的目的。

7.1.2 基于实例的机器翻译方法

基于实例（Case-Based）的机器翻译方法，其翻译性能依赖实例库的质量，机器采用片段化方式储存翻译实例，并在实例库中储存更多语法和语义信息，以此提高实例翻译的准确性。将原始语言同时进行分词、词性标注和句法分析的预处理，同时也导致了任务间既存错误的迭代传递而影响结构化实例的准确性和可靠性。

7.1.3 基于统计的翻译方法

基于统计的翻译方法（Statistics-Based）是将原语言的单词、短语全部可能翻译结果进行汇总，然后在庞大的语料库中进行搜索，统计每种结果出现的概率，将概率最高的翻译结果进行输出，以此实现翻译目的。这种方法较规则的翻译方法效果更好，同时对语料库的依赖性较大。

7.2 页面在线智能翻译及功能支持

随着电商环境的不断发展，电商服务的人不再局限于国内，与国外的商贸联系日趋紧密。为了更好地服务全球化电商环境，通过现在的翻译网页进行不同语言间的翻译就可轻松达到与国外客户的交流，相比人工翻译效率高、成本低。

巧妙利用翻译工具，会帮助商家更好、更轻松地完成工作。常见的翻译有以下几种：Google 翻译、有道翻译、百度翻译。

7.2.1 Google 翻译

Google 翻译：谷歌公司提供的一项免费翻译服务，可提供 80 种语言之间的即时翻译，支持任意两种语言之间的字词、句子和网页翻译。通过在经过人工翻译的文档中检测各种模式，进行合理猜测，然后得出适当的翻译结果。

7.2.2 有道翻译

有道词典：由网易有道出品的全球首款基于搜索引擎技术的全能免费

语言翻译软件。通过独创的网络释义功能，轻松囊括互联网上的流行词汇与海量例句，并完整收录《柯林斯高级英汉双解词典》《21世纪大英汉词典》等多部权威词典数据，词库大而全，查词快且准。结合丰富的原声视频音频例句，覆盖3 700万词条和2 300万海量例句。网页版有道翻译还支持中、英、日、韩、法、西、俄七种语言互译。

7.2.3　百度翻译

百度翻译：百度发布的在线翻译服务，依托互联网数据资源和自然语言处理技术优势，致力于帮助用户跨越语言鸿沟，方便快捷地获取信息和服务。

7.3　智能翻译机及功能支持

随着智能翻译行业的不断发展，各个智能翻译公司不断推出翻译产品，除翻译网页和翻译软件外，智能翻译机也成为一种很好的选择，其相比传统的翻译网页和软件携带方便、使用简单、随即随用，可以进行口语即时翻译，并储备有离线翻译功能，在没有网络的环境下也可以使用，满足不同翻译的需要。

7.3.1　讯飞翻译机、百度共享 Wi-Fi 翻译机

讯飞翻译机2.0是采用科大讯飞核心人工智能技术的翻译产品，是科大讯飞继具备离线翻译功能的晓译翻译机之后，推出的新一代人工智能翻译产品，支持多语种翻译、行业 AI 翻译、方言翻译等多种功能。

百度共享 Wi-Fi 翻译机，是一款可以连接 Wi-Fi、通信的便携式智能硬件，能够帮助用户进行便捷的多语言实时语音翻译，并且自带全球超过80个国

家的移动数据流量，可以为手机、电脑等设备提供上网服务。

7.3.2　网易有道翻译蛋、搜狗翻译机等

翻译蛋是网易有道出品的支持中、英、日、韩、俄、泰等 27 种语言互译的翻译机，机身线条流畅，椭圆形机身取代了一般数码产品的圆头设计，机器重量如一颗普通鸡蛋，并具备超长待机功能。

搜狗翻译机有一个普通手机的外形，是基于搜狗庞大数据收集基础上诞生的语言翻译技术，支持中文在内的 24 种语言互译，匹配有大触摸屏幕，背部有高清摄像头，具备大多数手机功能。

7.4　智能翻译其他衍生品及功能支持

下面为大家介绍几款在市场上比较受欢迎的智能翻译的衍生品。

7.4.1　魔芋 AI 翻译机

魔芋 AI 翻译机是小米有品推出的一款翻译产品，以价格便宜、性价比高的优点得到年轻人好评，支持 14 种语言互译，并搭载了小米人工智能助手小爱同学，具有一键听音乐、查汇率、听新闻、问天气、听电台、英语教学等功能。

7.4.2　无线智能翻译音响

相比翻译机，无线智能翻译音响是一款在室内、车内等封闭环境下使用的翻译产品，匹配有高保真音响，具有高质量的音乐效果。

7.4.3 以阿里巴巴翻译为例，AI 翻译在电商的应用

阿里巴巴的 AI 翻译是专业服务于全球电商领域的一款产品。背靠阿里巴巴积累的庞大的电商领域数据，形成了目前最大、质量最好的跨境电商语料数据库，是专业应用于电商垂直领域的产品。

阿里巴巴的 AI 翻译实现了跨境商贸，买家和卖家零时差、零延时交易沟通，在遇到打错字的现象时，还会自动校正，准确翻译给对方用户。

第8章

采购：优质商品是核心竞争力

　　做跨境电商，什么样的商品最好卖？选择商品时要考虑哪些因素？自己选择商品应通过哪些渠道？选择商品时应该注意哪些问题？这些都是跨境电商企业应该考虑的问题。只有对这些基本问题有了全盘把握，跨境电商企业才能在激烈的竞争中占得先机。

8.1 选品依据

选品好坏直接影响产品销量，我们从市场容量、竞争热度、利润空间、资源优势等角度来探讨如何选品才能少走弯路。

8.1.1 市场容量：打造爆款的重要参考

跨境电商企业在选择商品的时候，首先要考虑自己的商品市场有多大，即要考虑自己的商品是否被人们所需要，被哪些人群需要。影响商品市场的因素如图 8-1 所示。

图 8-1 影响市场的因素

1. 消费者数量

每一件商品都有其固定用户群，不同用户群数量差距很大。例如，口红的消费者主要为 18～60 岁的女性，而书包则针对在校学生。

2. 商品数量

在已经具备了足够消费者的基础上，商品数量的多少也会影响到市场规模大小。随着消费者的不断购买，商品市场会不断扩大。

3. 消费者购买意愿

消费者对企业产品没有了购买意愿，或者购买意愿降低，都会给企业造成损失。卖家可以积极主动地了解客户想法，确定目标客户到底需要什么，不喜欢什么，在意什么，这些商品是否能够满足他们的购买意愿等。

4. 消费者购买能力

商家的商品价格是衡量消费者购买能力的一种表现。如果商品价格过高导致消费者无法支撑，那么购买能力也会降低。以 ANKER 电商平台的 Eufy Genie 机器人商品为例，它的功能与亚马逊最出名的自营产品之一 Echo Dot 语音机器人相同，包括访问 Alexa 语音助手和能够接受超过 15 000 个语音指令等，但价格却比 Echo Dot 语音机器人便宜 15 美元。因此对消费者来说，ANKER 的机器人更符合他们的购买能力。

消费者数量、商品数量、消费者购买意愿和购买能力四个因素互相牵制又相辅相成，共同影响市场规模。因此，企业在选择做跨境电商时，要充分考虑到自己的商品是否有一个好的市场环境和市场规模。

8.1.2　竞争激烈程度

商品竞争力是指商品符合市场要求的程度。这种要求具体体现在消费者对商品的各种竞争力要素的考虑上。跨境电商企业选择商品时，还应考虑商品的市场竞争性。一种商品是否具有竞争力主要体现在两个方面：一是市场地位，二是销售情况。所谓的市场，其实就是指整个行业该种商品的市场，所以行业状况是影响商品竞争一个很重要的因素。此外，企业品牌、团队战略及商品价值都是影响商品竞争的重要因素。如图 8-2 所示。

图 8-2　影响商品竞争的因素

1. 商品行业因素

这是影响企业商品发展最重要的因素。雷军说过："站在风口上，猪都能飞起来。"这句话用来形容商品行业的发展也是十分合理的。在商品行业发展的成长期，竞争商品少，市场空间大，消费者容忍度高，这些都会给企业商品发展提供强大动力。

近年来跨境电商的发展如火如荼，ANKER 积极投身于跨境电商，有着跨境电商行业的发展支撑，因而有很大的发展前景。

2. 企业品牌因素

一个企业在现有用户群体中的品牌号召力如何？现有品牌市场能够帮

助企业拓展更多的商品市场吗？这些问题都是企业在发展自身商品竞争能力时必须要考虑的。从传统商品经济活动过程来看，市场是先于商品出现的，两者之间似乎并没有什么直接联系。但实际上，企业的商品品牌质量却是企业最有效的市场竞争能力。

人们通过跨境电商平台购买商品，更多的是购买该商品的品牌价值。ANKER从一开始就注重引起人们的兴趣，建立人们对品牌的信任。除了亚马逊，ANKER还在eBay、速卖通和新蛋等跨境电商平台上开设店铺，为客户提供多方购买渠道。在这一系列扩张过程中，ANKER一直致力于建立其品牌声誉。建立起品牌认知度，有利于获取消费者的信任，从而大大提高消费者购买产品的可能性，产生二次购买。长期的品牌建设积累对于跨境电商来说是非常重要的，能够大大提高利润。

3. 团队战略因素

一个企业在发展商品竞争的过程中，还应考虑到自己的商品适应哪些人群消费，或者是自己的团队应该对自己的商品建设作出哪些优化。根据商品特性的不同，要发展的商业模式也会不同，团队战略也要作出相应的变化。在商品市场竞争中，团队战略的作用是非常重要的。在合适的时间，有合适的商品，但没有合适的战略，商品竞争也会处于下风。这些就是所谓的团队战略因素。

ANKER在跨境电商发展过程中，积极调整发展策略，在巩固线上市场的基础上又开设了4家实体店。电商商店进入线下，不仅方便消费者在购买前直接触摸和了解产品，还有利于商品的品牌建设。线下商店可通过卖家与消费者的互动来巩固和加深商品品牌在消费者心目中的地位。

4. 商品价值因素

商品能够给消费者带来什么价值？这个价值能够让自己的商品在商品市场中脱颖而出吗？如何提升自己商品的差异性以求获得商品价值的最大化？这些都会影响到商品价值。

113

ANKER 主要生产移动电源、充电器、蓝牙外设、数据线等智能数码周边产品，这些商品都是人们日常生活中必备的东西，本身的商品价值就很高。同时，ANKER 通过不断优化自己的产品，在较低价格基础上为消费者提供了更多的便利。

8.1.3 利润空间大不大

商品的利润空间是指价格与成本之间的差额，两者之间呈负相关。在价格一定的情况下，商品的利润空间取决于成本的高低，成本越低，利润空间越大，反之则越小。在成本一定的条件下，商品的利润空间取决于价格提高的幅度，价格若能提高（注：并不是所有商品都能任意提价），则利润空间越大；反之则越小。因此，要判断一件商品的利润空间大不大，需从以下两方面进行比较。

1. 在价格一定的情况下

前面说过，商品的利润空间取决于商品价格与成本之间的差额，两者之间呈负相关的关系。在价格一定的情况下，商品成本低，那么企业的利润就会提高；反之，企业的利润就会降低。

假如市场上商品的价格都为 100 美元，生产粮食作物需要的成本是 10 美元，而生产高科技电子产品的成本为 1 000 美元，现在两种商品同时卖出一件，以低成本生产的粮食作物就会获利 90 美元，而以高成本生产的高科技电子产品就会亏损 900 美元，两者相比，明显是生产粮食作物的利润空间大，而生产高科技电子产品的利润空间小。长此以往，势必会导致市场的不平衡，从而引发各种经济问题。因此，企业在选择商品的时候，在价格一定的情况下，要充分考虑到成本的高低。

2. 在成本一定的条件下

由于商品的利润空间受到商品价格与成本的共同影响，因此，在商品成本一定的情况下，商品价格越高，利润空间就越大。

假如生产所有产品的成本都为 100 美元，而市场上粮食作物的价格为 10 美元，高科技电子产品的价格为 1 000 美元，现在两种产品同时卖出一件，以低价格出售的粮食作物就会亏损 90 美元，而以高价格出售的高科技电子产品就会获利 900 美元。两者相比，高科技电子产品的利润空间更大。因此，企业在选择商品的时候，在生产成本一定的条件下，要充分考虑到商品价格。

综上所述，商品利润空间要受到价格与成本两方面的制约，因此企业要充分考虑两者之间的利益。当然，市场上是不会出现所有商品成本与价格都为定量的情况的，因为市场是不可估测的。为确保企业能够在市场竞争中获得最大利润，必须协调好商品成本与价格之间的关系。

8.1.4　企业的商品资源优势

商品资源是指在一定时期内，企业可以投放市场出售的商品。商品资源是其他生产要素的基础，随着经济全球化进程的不断加深，各个地区对商品资源需求的多样性导致了商品种类日趋丰富。企业在确定卖什么商品的时候，要充分考虑到自己销售商品的资源优势，如图 8-3 所示。

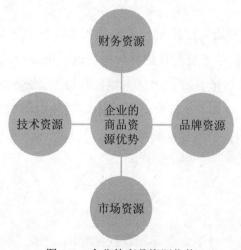

图 8-3　企业的商品资源优势

1. 财务资源

财务资源是企业进行商品经济活动时物质要素和非物质要素的货币体现，具体表现为已经发生的能用会计方式记录在账的，和能以货币计量的各种经济资源，包括资金、债权和其他权利。既包括静态规模的大小，也包括动态周转状况，在一定程度上还包括企业获取和驾驭这些资源要素的能力和水平。在企业财务资源系统中，最主要的资源是资金。财力资源是企业业务能力的经济基础，也是其他资源形成和发展的基础条件。

ANKER 作为一家中国的跨境电商企业，具有一些特定的航运和税收优势。此外，企业本身的经济力量也是支撑 ANKER 快速发展的重要因素。

2. 品牌资源

品牌资源是指所有可以用来建立和巩固品牌权益与品牌形象的方法。涉及品牌与消费者的连接及消费者的品牌体验。品牌资源是由一系列表明企业或企业产品身份的无形因素组成的，可以影响与改变消费者的品牌认知与品牌态度。品牌资源又可细分为产品品牌、服务品牌和企业品牌三类。品牌资源对于维系顾客忠诚度、开拓新市场、推广新产品等具有无可比拟的重要性。

ANKER 从一开始就注重引起人们的兴趣，建立人们对品牌的信任。ANKER 最初是以低价手机配件的品牌形象进入电商市场的，如今 ANKER 将产品多样化，从电池到智能家居系统都有涉及。通常来说，人们更愿意信任一个在产品与服务上都做到极致的品牌。ANKER 通过在新的利基市场创建新的品牌，迎合了不同的利基市场，立足于小市场的顶部，从而获得客户信任。

3. 市场资源

市场资源是指那些不为企业拥有或控制的，但在市场中存在，而且因为企业强大的竞争实力、独特的经营策略技巧和广泛的关系网络而可以为自己所用的资源，主要包括关系资源、杠杆资源、社会资源、历史文化资源及其他市场资源等。

ANKER 在本身产品已经有了发展市场之后，开始推出新的产品，并借助社交媒体分享和传播它的产品，借以发展更大的市场。在 ANKER 的社交媒体账户中，Instagram 上有 55.9 万粉丝，Facebook 上有超过 30 万的粉丝，这些粉丝力量可以帮助 ANKER 获得更多的关注，即使是在市场已经饱和的情况下。通过接触各类消费者，有利于扩大品牌的知名度。

4. 技术资源

创新和发展对一个企业而言是十分重要的，要进行创新和发展，就离不开技术支持。技术包括两个方面，一是与解决实际问题有关的软件方面的知识；二是为解决这些实际问题而使用的设备、工具等硬件方面的知识。两者的结合构成了这个企业的技术资源。

ANKER 通过不断的技术优化，努力完善和更新自身产品，使得产品能够满足消费者更多的消费需求。同时 ANKER 积极投入资金，开发和研究新的产品，不断提升自身的竞争力。

8.1.5　是否对产品感兴趣

在营销学领域，兴趣营销显得极为重要。兴趣营销是指企业在营销过程中，要围绕消费者的精神与物质需求，寻求消费者的兴趣所在，通过企业的针对性行为激发消费者兴趣而进行的活动。即在营销的价值链中建立有趣味的传播点，从产品名称、产品包装、价格体系、个性渠道或终端特点、促销品、广告语、公关活动等系统中创造能够引发趣味笑话谈资的营销传播元素，使其从传播资源延伸到最终的销售动力。这一过程可分为吸引客户注意力和促成交易两个步骤，前者是把客户吸引到企业指定的场所，后者是通过促成手段与客户产生交易行为。

1. 企业或商家要寻求消费者的兴趣

在传统销售过程中，消费者通常会到实体店进行消费。在这个过程中，消费者会自主选择自己想要的商品，商家通过消费者的选择可以判断其消费需求。但是，随着社会生活节奏的加快及电子商务的快速发展，到实体店进行消费的消费者数量大大减少，很多人选择网上购物。这样一来，商家就不能通过观察消费者选择来判断消费需求，因而不能及时提供服务，这就会导致商家利润的流失。

同样地，在从事跨境电商的时候，企业也无法及时感知用户需求借以及时作出对出售产品的调整，这样也会使企业的利润受损。这种情况下，不管是企业还是商家，都要想办法及时与客户或消费者取得联系，了解他们的消费诉求，进而对待售商品作出及时调整。

2. 企业或商家要对自己的商品感兴趣

在商品销售活动中，最忌企业或商家对自己的商品不熟识。当客户对一件商品提出问题时，销售者若不能及时对该商品作出解释，就会导致消费者的不满情绪。而不熟识的原因，在很大程度上是因为销售者对自己的商品不感兴趣。因此，销售者要培养对商品的兴趣，充分了解商品的功能，积极主动地为消费者释疑，从而促进消费者对商品的兴趣，从而产生购买欲望。

综上所述，企业在进行商品活动的过程中，要充分了解客户的兴趣需要，为客户提供合适的商品。同时，企业自身也要增强对商品的兴趣，努力做好商品销售工作。

8.2 确定选品的渠道

企业在决定什么样的商品最好卖之后，接下来就要考虑选定商品的渠道。电商之所以发展如此迅速且具有庞大的市场空间，就是因为网上可供消费者选购的商品种类繁多，能够最大限度地满足消费者的消费需求。那么，在选定商品渠道的时候，应该从哪些方面考虑呢？

8.2.1　销售平台热词搜索

各大销售平台的热词搜索在一定程度上反映了当前一段时间最受消费者欢迎的商品是什么，通过在各大销售平台进行热词搜索，企业就可以很及时地把握当前消费者的消费意愿，从而选择自己要销售的商品。通过对消费者需求的把控，有利于企业及时与消费者进行沟通，从而促进交易的达成。

8.2.2　国外网站的热销产品

做跨境电商，必须时刻关注国内外消费者的消费态度，及时调整自己要销售的商品，以求获得更大的利润。每当有新的热销产品问世的时候，总会吸引消费者的关注。网站通过主推这些新鲜的热销产品，可以有效地吸引消费者的目光，增加流量。这种热销品会提升消费者浏览网站的兴趣，进而吸引消费者购买。

8.2.3　社交媒体的热点

随着网络与信息技术的高速发展，整个世界似乎都缩小了。每当有时事热点发生时，人们就会通过各种社交媒体快速获知。企业通过把握社交媒体热点，也可以提炼出消费者对某一产品的需求欲望。通过事件分析可能会受到消费者欢迎的商品，除能带动单品的销售外，也能提升用户对于网站的影响。跨境电商要想取得更大的经济利益，就必须把握社交媒体的热点，及时选择当下最受欢迎的商品。

8.2.4　热销卖家的商品

一般情况下，卖家热销的商品大多是能够满足消费者日常生活的一些季节性强的具有鲜明特征的商品。这些商品反映了消费者强烈的需求欲望。企业可以通过关注热销卖家购买的商品，来推断自己应该销售的商品。及时感知客户需求并对此作出反应，是企业经营活动的重要组成部分。

8.2.5　打造跨境产品线

打造跨境产品线实质上是解决跨境电商要卖什么的问题，解决了这一问题，跨境电商企业的目标客户、销售成本、竞争对手及利润收获等问题都会得到解决。跨境电商要根据目标市场特点来确定销售的商品，针对客户需求打造牢固的产品线。

那么，如何打造跨境电商企业的跨境产品线呢？

首先，企业进行的经济活动，其最终目的都是盈利。因此，在选择新产品时，必须考虑产品能带来的利润高低，只有能为企业带来高利润的产品，才值得企业为其打造产品线。

其次，企业要明确自己的目标客户。把握目标客户的消费特点，了解他们喜欢的品牌，分析这些品牌的市场占比等信息。在此基础上，至少要合理布局产品结构，将季节性产品与主打产品区分开来，进行合理的比例分配。一般而言，主打产品占20%，引流产品也应占20%，其他为常态产品，按照这样的比例将产品合理布局，打造良性的产品线。

最后，跨境电商企业要根据产品的销售情况，不断优化和更新产品，最后形成完整的跨境产品线。在此过程中，至少要不断优化产品布局，选择最优的供应商，逐渐培养自己对供应链的掌控能力。

8.3　不同平台有不同的选品原则

选品一直是跨境电商谈论最多也是最核心的问题。对于不同平台的选品，最关键的是要了解平台的各自特色，但是无论如何，选品思维的核心是精细化。下面就来介绍亚马逊、速卖通、eBay、Wish 各平台的特点，以便更好地为选品做准备。

8.3.1　亚马逊：标准化产品和被认可的品牌

亚马逊平台有五个较为突出的特点，这五个特点分别从"人、货、场"三个方面诠释了亚马逊的独特性，如图 8-4 所示。

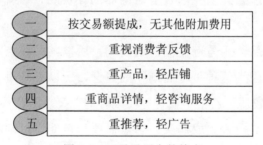

一	按交易额提成，无其他附加费用
二	重视消费者反馈
三	重产品，轻店铺
四	重商品详情，轻咨询服务
五	重推荐，轻广告

图 8-4　亚马逊平台的特点

首先是"人"方面。通常情况下，"人"指用户，但是对一个电商平台来说，亚马逊面对的不仅是消费者，还有店家。

不同于其他电商平台，亚马逊是一个完全靠交易额提成的平台。店家入驻亚马逊后不需要支付保证金、服务费以及购买运营店铺技术等费用，但是为了能够保证消费者在平台上的购买质量，亚马逊对店家入驻的考核标准相对较高。

亚马逊极其重视消费者的反馈意见。商品评论完全开放，消费者可以在商品详情页查看到所有购买了商品的消费者对商品的评论信息。消费者在购买商品之后可以对店家的服务进行评级，这个评级将会决定店家的某样商品是否可以获得推荐。

为了避免可能存在的"刷分"现象，亚马逊中的评级有一定算法。比如说评论账号的注册时间、评论信息的采纳率，以及确认购买（Verified Purchase，VP）等级。

在评论中，账号注册时间越久，权重越大，这一点有效避免了通过注册很多账号对产品进行恶意、不实评论，从而影响产品评分的行为。同样地，评论信息采纳率越高，权重越大，这样就有效避免了因为极个别情况而影响销售转化率的问题。

VP是指能够确认购买并且消费者是全款支付，所有带有VP标志的消费者的支付方式均为全款支付，但并不是所有全款支付的消费者都带有VP标志。为了保证评论有效性，VP等级越高，该评论的权重也就越大，在显示的时候通常会出现在评论中靠前的位置。

为什么亚马逊如此重视消费者对商品的评价呢？这就要引出亚马逊对"货"的理解了。

"货"即商品。亚马逊提倡自助购物，所以其关注点不在于店铺，而在于商品。正是因为这种"轻店铺"的概念，所以亚马逊对于客服咨询的提倡程度也相对较弱，甚至不设置"在线咨询"等功能。

为了能够让消费者完成购买，店家需要尽可能详尽地将商品信息描述完善。除此之外，消费者想要了解商品其他信息，需要到评论区查看其他消费者的评论。

或许很多人认为亚马逊这样做过于烦琐，殊不知亚马逊的行为成功提高了消费者评论的价值，同时消费者可以依靠自己的主观判断进行购买选择。

早期亚马逊的销售产品为书籍，消费者在亚马逊中购买书籍时，可以在评论区看到对书籍的各种评论，这种评论不是流于表面的"好""还不错"，而是"×××处注解有误"或者百字以上的长评。这种评论可以帮助其他消费者作出是否购买的决策。

最后是"场"。"场"指的是亚马逊平台这个卖场。亚马逊中只有商品推荐，没有硬广告投放渠道。而商品推荐则是以消费者购买商品后的评价作为依据，经过后台整合推荐的。这样就能够保证所有推荐出来的商品在质量上都是有足够保障的。

亚马逊通过这样一环扣一环的设计，从根基上维护了平台商品的质量，然后以此来形成品牌口碑，再用品牌口碑吸引更多消费者选择进入平台购买。

8.3.2　速卖通：更方便中国电商

速卖通是阿里巴巴旗下面向全球市场打造的在线交易平台，被称为"国际化淘宝"，速卖通平台有以下几个特点。

（1）通过支付宝账号进行担保，交易安全、可靠，让中国的电商企业更方便；速卖通平台在买家和卖家交易沟通的流程上，支持语言翻译功能。

（2）商品整体搬家，操作简单，可以借助工具"淘代销"将淘宝商品的中文信息直接翻译成对方语言，简化了上架商品的语言翻译操作。

（3）速卖通目前主要是直发，对于本地化的运作只有电商企业自身去提高邮寄的时效性和客户体验度，平台本身没有这方面的要求，所以这样就对产品的重量和价值有了要求，现在集中在速卖通上的多是时尚类产品和配件，以及小家居运动类商品，这样的体积质量较小的商品，所以企业在选品时，主要是中国式采购。

（4）相比其他平台，速卖通更多地服务于中小电商企业，并帮助中小电商企业接触终端批发零售商，实现小批量多批次的快速销售，减少传统流程的中间环节，压低成本，拓宽利润空间，实现集生产、订单、支付、物流一体化，给电商企业带来了巨大的便利。

（5）速卖通对卖家资质要求有限制，平台目前只允许中国、俄罗斯、意大利、西班牙、土耳其这几个国家的卖家进驻，而速卖通的买家人群覆盖全球220多个国家和地区。在进驻的卖家中，中国占据市场的大部分销售份额，这对中国的电商企业，是绝大的利好。

（6）虽然速卖通覆盖范围很广，但相比欧美市场，其销售的主场地是在新兴的第三方国家市场，所以选品时主要考虑新兴的第三方国家。

8.3.3　eBay：品牌和性价比的结合

eBay 平台的特点主要体现在以下几个方面。

1. 销售模式

eBay 平台以 B2C 垂直销售模式为主，针对个人消费者，适用于大部分发达国家。

2. 服务体系

eBay 平台规则更偏向于买家，如果卖家遇到投诉很容易被封店，消费者权益有很大的保障。客服专业水平高，售后服务也趋于完善。

3. 支付方式

（1）针对卖家。eBay 平台于 2018 年 2 月推出自主管理支付流程新政策，简化从买家端到卖家端的购物体验，卖家可享受更多便利，包括简化的收费模式、更可控的资金管理，大部分卖家可降低支付处理的成本。

（2）针对买家。目前只支持 PayPal。

4. 物流模式

eBay 平台自身没有物流，主要依靠第三方物流联盟。eBay 主要合作的知名国际物流公司有联邦快递、美国邮政、UPS、DHL 等。eBay 的物流运输快，服务专业，价格低廉，为买家提供了便利。

eBay 相比于其他平台不同的是，一方面，eBay 商品上架就需要收费且收费便宜，平均每月的投资在 300 元到 1 000 元。而 eBay 的盈利模式也与其他平台大不相同，主要通过收取卖家的商品展示费用、交易费用、支付费用等和交易有关的费用，此外，也拥有少量的分成和广告收入等。另一方面，在 2015 年，eBay 相继关闭了 Magento Go 和 ProStores 等小型企业的产品，只专注于大型跨境电商零售企业。

众所周知，eBay 平台运营规则是非常严格的，额度限制令很多卖家头疼，而这也是 eBay 平台最独特的地方。eBay 会根据卖家账号表现来限制卖家的发布额度，新注册的账号一开始就会被限制。这个规则致使很多卖家停止在 eBay 平台开发产品或者直接转向其他竞争平台。有众多卖家表示，eBay 的平台规则的确过分严苛，大批卖家可能会面临清洗，面对这种严峻的大环境，只有坚持下来的卖家才能取得最终的成功。

8.3.4　Wish：兼顾多种选品思维

众所周知，为了进一步提升买家的购物体验，Wish 会对卖家发货的时效性进行严格把控，所以稳定的货源非常重要。一个合格的卖家一定有自己稳定的货源，而不是买家下了订单以后才去满世界找货。

如果卖家真的没有资金去建立稳定的货源，应该怎么办？其实比较简单，可以选择小而美的产品，发展自己的特色，避免与巨头竞争。要选择小而美的产品，应该注意以下几点。

（1）产品不常用，又或者非常平凡。其实产品怎样都没有关系，只要有自己的特色，也有可能成为买家追捧的爆款。

（2）把握好产品结构，采取组合销售模式。

（3）一流的卖家看重价值，三流的卖家看重价格，要让买家觉得产品非常有意义、有价值，他们才会花钱购买。

（4）价格必须合理，不能过高或过低。

（5）保证产品和图片的美观。

对其他卖家来说，在 Wish 选品要注意哪些方面呢？

（1）最好选择标准类、价格低、质量轻的产品。

（2）将品类细分，瞄准一个品类。

（3）在符合 Wish 规则的前提下，可以选择先模仿后超越。

（4）多关注节假日型产品，比如在圣诞节销售苹果、圣诞老人玩具等。

（5）在有现货基础上，建立自己的产品线。产品线的设置，决定了商户的目标客户群、销售渠道，决定了竞争对手，决定了企业成本，也决定了商户的盈利能力。

（6）除要考量市场需求之外，也要仔细分析产品能否带来收益。

（7）如果要销量，选择热门品类；如果要稳定和利润，选择稍微冷门一些的品类。

（8）了解目标群体消费特点、购物习惯、品牌偏好等。

（9）了解竞争对手的选品策略。

其实，对卖家来说，选择自己熟悉的品类会更容易成功。

以上是一些建议，但具体该如何做还是要参考 Wish 的后台数据分析以及卖家自身情况。

8.4　选品要注意的问题

价格是商家之间用于竞争的重要手段，在跨境电商中也不例外。产品的价格构成，商家对于产品的定价策略，产品以什么样的价格会更受消费者欢迎，这些都是商家需要去考虑的。

另外，产品定价中有哪些误区，如何避免这些误区，这样的消极竞争对策也是需要商家考虑的。

8.4.1　产品要有独到的设计

在竞争激烈的市场环境中，产品要区别于其他竞争商品才能突出重围。

要生产符合市场需要且极具个性化、差异化的产品，才能达成良好的销售业绩。商品要设计独到，才能让买家一眼看到并被吸引。

要想做到使产品具有好的设计，就要让设计部门定期做出一些产品设计方案，在特定部位和细节要有留白的空间，在了解市场需求后，再整合完成设计方案，大规模生产。想要真正做好产品，设计很有门道，营销再好、服务再好都需要好的设计作为根基。

8.4.2　要方便运输

要做好跨境电商，就要选择好运输方式，以下有三种常见国际物流运输方式。

1. 国际快递

国际快递主要是指 UPS、FedEx、DHL、TNT 四大巨头，其中 UPS 和 FedEx 的总部在美国，DHL 的总部在德国，TNT 的总部在荷兰。

国际快递对委托方信息的提供、收集与管理有很高要求，并且以全球自建网络和国际化信息系统为支撑。

国际快递的优点是速度快、服务好、丢包率低，并且国际快递在欧美发达国家建立了非常庞大的物流网络，尤其是发往欧美发达国家非常方便。

缺点是价格普遍偏贵，一般跨境电商企业只有在买家有强烈要求时效性的情况下才会使用。

2. 邮政小包

据不完全统计，中国跨境电商出口业务 70% 的包裹都是通过邮政系统来实现运输的，其中中国邮政占据 50% 左右的份额，中国香港邮政、新加坡邮政等也是中国跨境电商卖家常用的物流方式。

邮政小包的优点是邮政网络基本覆盖全球各个国家和地区，比其他任何物流平台所提供的物流渠道都要宽广。并且,由于邮政一般是国营的,有国家税收补贴,所以在价格方面比较便宜。

缺点是由于一般物件是以私人包裹方式出境的,海关方面不便于统计,所以无法享受正常的出口退税。同时,速度相比其他物流平台较慢,且丢包率较高。

3. 专线物流

专线物流一般是通过包舱航空、海运散装拼柜或整柜形式,运输途中不经过中转站,直航到达目的港(没有中间浪费的中转时间),再由境外合作商进行二次派送,是比较受欢迎的物流平台。联特海派就属于跨境物流的物流商之一,专注美国专线十余年,并且拥有美国亚马逊的绿色入仓资源。

专线物流的优点是批量将货件发往目的地,通过规模聚集效应来降低不必要的中间环节的流通成本,同时价格也比商业快递低,速度优于邮政小包,丢包率也比较低。缺点是有一定的起运标准,并且需要提前规划好备货周期。

8.4.3 使用简单,便于售后服务

选品的时候还要注意上架商品最好使用简单、操作容易,以免由于买家不清楚如何使用,在看不懂产品中文说明书的情况下,或是在地区文化差异的情况下,认为产品本身存在质量问题。防止由于沟通障碍、理解障碍,相互信息不对称而导致买家退货退款,造成浪费人力、物力的情况出现。

所以在产品上架前卖家要考虑周到,最好是上架全球通用的商品,或者是操作简单、使用方便的产品,便于简化后续的售后服务。

8.4.4　注意版权问题

跨境电商还应避开版权这一雷区。很多跨境电商在一开始的时候，由于对自身定位不明确，看到别人做什么自己也想模仿，然而盲目跟风可能会在无形之中导致版权问题的出现。

如果跨境电商不注意版权问题，盲目选品，就可能陷入版权风波，影响企业声誉和发展。随着国家法律法规和社会经济贸易的不断发展和进步，版权问题的重要性日趋凸显，自然值得跨境电商注意。只要作品出现，就要申请版权，版权在跨境贸易中起到保护作品的作用。

第 9 章

仓储：提高发货的效率

当电商公司的业务发展到一定阶段后，仓储管理问题常常会出现问题，特别是当订单增多，产品需求量增多时，仓储管理问题就越发明显。比如在产品入库阶段，产品种类繁多就很容易出现错包、换包的情况，入库验收时出现不匹配、产品种类错乱。规范仓储可以提高取件的整体效率。

9.1 规范仓储空间:编写货架位信息

在库存管理阶段,货源建立不好质量追溯体系,仓库管理容易产生混乱,致使拣货效率低,并且经常出现库存充足却找不到货的现象;在产品出库阶段,常出现物流公司收货时间不固定,业务单据需要隔天补录,需要控制到业务数据及时录单的状况等。

9.1.1 区段式编号

区段式编号就是把仓库划分成几个区段,再对每个区段进行编号。这种方式是以区段为单位,让每个号码代表一个存储区域,相比其他仓储方式,区段式编号更适于仓库库位简单并且没有货架,可以将存储区域划分为若干区段的情况。

9.1.2 分成几个品项群

分成几个品项群就是将相关性较强的商品经过筛选、集合后,分成几个品项群,然后再对每个品项群进行编号。这种方式相较于其他仓储方式更适于按商品群保管的商品和所售商品差异度较大的卖家。

9.1.3 按地址编号

按地址编号是对仓库号、区段、排、行、层、格等进行编码，可采用四组数字来表示商品所在库层中的位置，四组数字分别代表仓库的编号、货架的编号、货架层数的编号和每一层中各格的编号。比如 2-13-1-7，表示商品在库房中的位置是：2 号库房，第 13 个货架，第一层中的第七格，根据货架位信息就可以快速地了解某种商品具体存放的位置。

区段式编号、分成几个品项群、按地址编号三种仓储方式是常用的仓库货架位编号形式，其实各个形式之间并不是相互独立的，我们可以根据实际仓储情况结合使用。

9.2 明确商品信息

实现了规范仓储空间，并且编写货架位信息之后，可以将商品从庞大的商品群中锁定到储存仓库的某一货架上，我们寻找客户需要的商品就会容易很多。然而，仅仅规范了仓储空间还不够，要想准确找到具体商品，还要明确商品信息。

明确商品信息的规范主要是指，商品的 SKU（Stock Keeping Unit，SKU），即库存量信息的简称、商品价格尺寸、中英文报关信息的条理化、明晰化。商品信息的规范有利于进行库存商品的科学管理，合理的 SKU 编码有利于实现精细化的库存管理，同时有利于及时准确地拣货，提高效率。

9.2.1 编写 SKU 信息

在仓库中给商品编写 SKU 信息可以帮我们提高整体效率。

SKU 作为最小库存单位，其基本的属性是不可重复性。从理论上来说，仓管人员可以在不重复的情况下随意编写，从实际操作方面来讲，为方便跨境电商的卖家管理，最好是根据商品的分类属性按照由大到小的组合方式进行编写，具体如下：

AAAA　　BBBB　　CCCC　　DDDD　　EEEE　　FFFF

（大分类　中分类　小分类　　品名　　规格　样式）

在跨境电商的实际操作过程中，SKU 不只是作为最小的库存单位，同时我们也需要通过编写 SKU 信息来识别具体的商品信息。

上面的内容只是一个编写 SKU 信息的小示例，在实际情况中，电商企业可以根据自己产品的特点以及管理需要进行不同的编写属性组合。不管采用哪些属性组合，其中的顺序和所包含属性类别一定要一致，以免出现不必要的混乱。

在实际操作时，会出现各种重复发布或者重复上架的商品，并且可能会出现同一种商品被多 SKU 发布的情况，对此我们建议电商企业通过系统平台对原始 SKU 统一添加前缀或后缀，以这样的方式对商品加以区分。

例如，商品的原始 SKU 为 123，重复发布时我们可以在相对应的平台上设置 A-123、B-123、C-123 或 123-A、123-B、123-C，然后在同一类订单管理系统中设置相对应的前缀分隔符或后缀分隔符。在设置完成后，系统会自动从平台抓取带有相应前缀或后缀分隔符的 SKU，之后会自动根据设定的规则忽略相应的前缀或后缀，进而实现高效的库存管理。

9.2.2　明确商品价格尺寸

在编写 SKU 商品信息时，要按照商品的价格和尺寸来进行 SKU 的商品信息编写，这样的做法是对拣货正确率的二次保证。

检索 SKU 商品信息后，可以通过商品的价格和尺寸等信息，对商品实现二次检验，以免提货出错，为电商企业和买家造成不必要的损失。并且明确商品尺寸可以减少由尺寸问题造成的相邻货物间出现不合适的间隙，以便严丝合缝地按照尺寸将装箱商品码列整齐，减少不必要的库存仓储空间浪费。

9.2.3　明确中英文报关信息

报关信息一般都是可以填写中文名称的，但需要注意的是商品名称和规格必须填报准确真实，并且要与合同、商品发票等相关票据单证信息完全一致。

其中，海关对于报关单中商品名称、规格型号的填报要求中有一项是这样规定的："商品名称及规格型号栏分两行填报。第一行填报进出口货物规范的中文名称。但是如果发票中的商品名称为非中文名称，是其他的语言信息，那么则需要翻译成规范的中文名称填报，并且在必要时要加注源语言的原文信息，并在第二行中填报规格型号。"

9.3　管理的流程

管理流程一共有四个步骤，分别是订单导入、订单分配、打单配货、库存维护。这四个步骤之间是不可逆的，存在顺序关系。

9.3.1　订单导入

当电商企业在 eBay、Amazon、速卖通、Wish 等平台获取订单后，会在平台的官方 API 接口自动将平台订单导入管理系统，这样我们就可以根据订单要求进行后续工作。

9.3.2　订单分配

接入市面上主流的国际物流渠道，通过用户自定义的分配规则，所有订单自动根据相关物流规则分配给相应的仓库配货、相应的物流获取面单和跟踪号。

9.3.3　打单配货

订单根据规则自动获取物流信息并生成面单、跟踪号,捡货信息也与面单同步打印;对于简单包裹(一个订单里只包含一件商品的包裹),可以进行扫货出面单。

9.3.4　库存维护

系统平台会自动根据订单发货情况维护库存,考虑库存存量以及临近日期的日均销量等信息,并结合采购周期,综合这些因素自动生成采购建议。

第 10 章

海外仓：本地下单，本地发货

在海外市场，海外仓可以完成当地发货，当地发货更容易取得买家的信任。在价格相差不大的情况下，他们更愿意选择设置海外仓的商品，因为境内商品配送速度快、安全性高。

10.1 海外仓对跨境电商的意义

在节假日等购物旺季，订单暴增，跨境配送效率会受到影响，常出现丢包现象，并且节日期间各国海关抽查政策比以往更加严格，抽查速度变慢，这都会延迟配送时间，而送货速度与买家对商品的整体满意度直接挂钩。海外仓可以将跨境电商的物流风险降至最低，从而提高客户满意度，增加成交量。

10.1.1　加快物流速度

海外仓的退换货处理高效便捷，完美解决了国际间退换货问题。从海外仓直接发货给买家，特别是在当地发货，物流成本要远远低于从中国境内发货。

直接从海外仓发货，可以节省报关清关等需要等待的时间，减少了发货人员报关所需的人力、物力成本，并且按照卖家平时的发货方式若是在当地发货，客户就可以在几天内收到货物。物流速度提高了，买家满意度也会正向提高，相应地也减少了买家由于物流运输时间过长而出现的中途反悔退货现象，提高了产品的实际销售率，大大缩短了运输时间，增强了物流的时效性。

10.1.2　提高产品曝光率

外国买家下过订单后，货物马上通过海外仓分拣、打包、运输，大大加快了送货时间，避免因为节假日等特殊原因造成的物流短板，使跨境电商实现本土化服务，从而提高跨境电商的海外竞争力。

海外仓的一个优势是可以提升店铺销量。如果电商企业在海外有自己的仓库，那么当地的买家一般会优先选择是当地现货并且可以即时发货的商品，因为这样对买家而言可以大大缩短收货时间，减少中间等待时间，买家的购买意愿也会随之增加。

10.1.3　降低综合成本

买家收货后常会出现对到手商品不满意，想要退换货的现象，并且在运输途中可能会出现货物破损、短装、发错等情况，这时客户可能会要求退货、换货或重发。

如果是跨国收发货品，货品运输中途的物流时间、来回的物流费用、装包寄件等这些人力物力都不可避免地要被浪费掉。但如果这些情况是在海外仓里进行调整，就能大大缩短物流时间，节省跨国运输费用，并且给客户以更加良好的商业信誉，增加顾客的满意度。

 ## 10.2　海外仓的三种类型

海外仓常见的类型有三种：第三方海外仓、FBA 和自建海外仓。对这三种海外仓，我们可以根据自身备货需要进行选择。

10.2.1　第三方海外仓：特点 + 选择标准

海外仓是针对跨境物流存在的种种问题而出现的，这种跨境物流的新形式有利于跨境电商的境外拓展。通过海外仓，出口企业可以通过它直接从本地发货，这样就可以极大地缩短运输时间，有效降低长途运输中存在的风险和运输成本，而且买家退换货也很便利。此外，通过海外仓发货，不用面临境内和境外两重海关检查，减少了清关障碍。最后，通过海外仓的综合优势可以提升客户体验，给跨境物流和卖家带来长期效益。海外仓可以自建，也可以与第三方合作，这里介绍后一种模式。

第三方海外仓是由境外企业单独或和跨境电商合作在境外建设的仓库。如果是境外企业单独建设，合作形式就是租用，需要支付操作费用、仓储费用和物流费用；如果是合作建设，则只需支付物流费用。

从现在的形势来看，出口对于海外仓的需求越来越大，所以跨境电商采用第三方海外仓是顺时而动，能给自身带来诸多便利。这种合作模式不但可以降低成本（"节流"），而且还能"开源"。

比如，这种模式可以打破运输中对于商品体积、质量的限制，扩大商品品类；一般这类商品的平均售价要高于直邮等模式，可以提高商品利润；仓储和运输体系比较稳健，时间周期短，能有效提高销量。这些优势集中起来就会提升客户体验，增加好评，形成正面效应。

当然，凡事不可能百利而无一害，这种模式也存在一些弊端。首先，面对市场如此高的需求，第三方海外仓近年来如雨后春笋般涌出，不仅有电商企业、物流公司，甚至 IT 行业也加入进来，造成卖家在选择上的困难。

另外，海外仓毕竟处在初建阶段，还没有形成良好的供应体系，信息缺失、少货寄错现象频频出现，给卖家带去许多麻烦，不仅影响买家和卖家，对于自身和第三方海外仓的发展都产生负面影响。而且，在第三方海外仓库存方面，卖家往往很难进行准确预判，有时库存堆积，有时库存不够，要么导致供不应求，要么造成货物滞销。

总之，海外仓是跨境电商发展的重要一极，第三方海外仓合作模式又是这一极中重要的一端。跨境电商和境外建仓企业所要做的，就是尽量把优势做大，把弊端缩小。

10.2.2　FBA：优缺点 + 适用条件

通过 FBA 物流服务，卖家可以把自己在亚马逊平台上的出售的产品直接送到亚马逊在当地建造的仓库中，客户只要下订单，亚马逊就会帮助完成后续的拣货、包装、发货和配送，卖家支付一定的服务费用即可。和其他电商平台相比，这种物流模式有如下特点：

首先，时效性。卖家在其他平台入驻时，打包发货都需要自己或第三方物流公司来完成，从买家购买完成到发货，中间需要经由平台转向卖家，再由卖家转向自营物流或第三方合作物流，相较于 FBA，中间又多了两个环节。而通过 FBA，卖货和发货只在平台和买家之家进行，同时亚马逊在多地建有货仓，能够就近发货，有效节约时间，保证物流的时效性。

其次，提高产品的曝光率，增加销量。卖家加入 FBA 后，经过系统的自动计算，其店铺中产品的关键词搜索比重就会加大。同时，产品的下面还会出现 Prime 标识，而买家只要每个月缴纳几十美元的费用，就会成为 Prime 会员，享受亚马逊提供的包邮服务。这就意味着，这些会员会成为加入 FBA 商家的潜在用户，所以自然，卖家产品的曝光率和销量会得到提升。

最后，提升客户体验，积累长久客户。买家在加入 FBA 的店铺消费，首先在时效性上可以得到保证，买到的商品不用花费太长时间去等，相信这是每个买家都渴望得到的福利。另外，跨境网购，大多数买家都会关心物流费用，而在此只用缴纳较少的费用就可享受全年免费。此外，各个环节的服务，Prime 标识所形成的信任感等，都会提升客户的购物体验，有助于留住客户。

既然 FBA 有这么大的优势，那么该如何操作呢？下面就借发货和退货操作流程简单介绍一下。

在发货流程上，以欧洲为例，先点开亚马逊平台，点击库存，进入库存管理页面，然后勾选需要发货的清单进行发货确认，然后点选需要发至哪个国家或地区，即可完成发货。如果遭遇买家退货，卖家可以在卖家平台的订单—退货管理中查看退货申请和原因，然后根据相关规定进行处理。如果卖家关闭退货申请，亚马逊会以邮件告知买家原因；如果批准退货申请，平台则会将卖家的退货地址以邮件形式发送给买家，卖家收到退货后，可以在退货管理或订单管理页面操作订单退款。

10.2.3　自建海外仓：特点 + 注意事项

在开始叙述跨境大卖家选择自建海外仓前，很多人会有一个疑问，即很明显第三方海外仓要比自建海外仓节约很多成本，尽管第三方海外仓良莠不齐，但总有高品质的合作伙伴存在，为什么自建的海外仓还有优势呢？在此，我们可以用一组数据来展示买家在海外仓选择上的差异和集中点。

一份调查数据显示，有 70% 的卖家会选择只通过海外仓发货，有 20% 的卖家会选择一半直发一半用海外仓的发货模式。从这组数据可以看出海外仓在跨境物流中的重要地位。另外，有 55% 的卖家会把 FBA 作为主要的海外仓发货模式，而同时，有 10% ~ 30% 的卖家会选择自建仓，而在同时使用 FBA 和自建仓的卖家中，有 67% 的卖家不会选择第三方仓库。卖家热衷于选择 FBA 和自建仓的原因是什么呢？

就 FBA 而言，它能够提供个性化的服务。此前，在卖家使用第三方海外仓时，在发货过程中，往往会因为一个标签存在问题导致产品关联出现错误，这个环节就不能通过。对卖家而言，这种个性化的服务是亟需的，但第三方海外仓往往无法满足卖家在这一方面的需求，而 FBA 提供的个性化服务能够弥补第三方海外仓的这一缺陷。但是，FBA 对卖家而言也存在一定风险。既然第三方海外仓和 FBA 都不能完全放心地作为依托，那么卖家就不得不自建海外仓了。

自建仓对那些小型跨境电商并不是一个好的选择，因为从建仓到运营和管理的费用，它们无法承受，不过对大卖家而言，这就是一个极佳的选择。很明显，一个体量过大的公司，就如同一个位高权重的人，有着很强的控制欲，而选择第三方海外仓合作就面临着配合和妥协，对于公司按照自己的愿景来高速运作有所阻碍。

所以，大公司会依托自身在财力、物力和人力上的优势，在海外自己建仓，把仓储、配送、清关等一系列环节都掌握在自己手中，这样就使得一切环节尽在自己的控制之中，增加了跨境物流的灵活度，也更容易根据市场变化调整自身的供应，从而实现个性化服务。这对于大卖家尽快占领市场效果很明显，尽管前期投入较大，但后期回报丰厚。

10.3　海外仓的费用结构

为了使电商企业的买卖做得更加顺畅，减少物流方面的烦恼，海外仓应运而生。建设海外仓，不但可以避免海关问题，缩短运输时间，退换货也减少了麻烦。客户的购物满意度提高了，销量也会不断增加。

但是自己在海外建仓库也很麻烦，因为海外的仓租和人力物力可不比国内廉价，资金雄厚的电商企业可以考虑自己在海外建仓。

普通电商企业一般是用第三方的仓库，现在的第三方海外仓都有自己专业的物流团队和物流系统设施，并且仓库选址合理，可以为跨境电商企业提供入库上架、拣货、包装、发货等一条龙服务。

10.3.1　头程运输费用

头程运输费用指的是电商企业将货品运送到海外仓目的国的过程中产生的费用。中国的电商企业将货品从国内通过空运、海运或快递等方式运送到海外仓库，比如亚马逊FBA仓，或者出口商的自建海外仓，途中产生的费用就是头程运输费用。

例如目的国是美国，我国电商企业将货品发送到美国仓库的过程中，可能会产生空运、海运散货、海运整柜、当地拖车等方面的费用。

10.3.2　关税费用

关税是一个国家的海关对来到本国的货品征收的费用，现在各国普遍不再使用过境关税，所以现在的关税主要是指进口关税。关税会增加入口货品的成本，提高入口货品的市场价格，以此来影响外国货品的进口数量，是限制外国货品进口，以保护本国货品的销售不会产生较大影响的一种手段。

当货品通过当地海关时，海关会根据当地法律要求对进口货品加征关税。一般海关都会秉持实报实销的原则，其中产生的费用由电商企业承担。

10.3.3　当地派送费用

当地派送费用又称尾程派送费用，是指在目的国内通过当地快递公司将货物递送给最终买家的途中所产生的费用。

派送是派送业务员按运单信息上门将快件递交给买家并获得签收信息的过程，也是整体物流服务的最后一个环节，包括进行货物交接，选择派送路途，核实买家身份，提醒客户签收等工作内容。派送服务保证了货品快速、准确、无误地交给买家，同时也帮助快递公司收集、反馈服务信息，是与客户建立和维护良好关系的一个重要机会。一般当地的派送公司有 FedEx、DHL、UPS、当地邮政等。

10.3.4　仓储管理服务费用

仓储管理服务费用是企业为存储一定数量的商品所支出的仓储保管费用和企业应负担的管理费用的总和。具体包括：低值易耗品摊销，修理及租赁费，员工费用，照明费，保管维护费，转库搬运费，保险费，管理费及其他费用等。

费用标准一般会分为淡季和旺季，淡旺季价格不同，是市场调节的结果，普遍来说下半年的仓储费会更高些。不同企业的仓储收费方式不同，有的企业按体积算，有的企业按重量算，有的企业是综合体积和重量算。

10.4 海外仓技术

海外仓技术是海外仓管理的一项重要手段，和以往的仓储管理一样，海外仓同样需要专业化的管理方法和仓管技巧，由此海外仓系统的辅助作用就显得尤为重要。同时海外仓不同于以前的国内仓储的管理，因为海外仓拥有跨境、跨国的属性，仓储系统的性能成为广大海外仓企业需要考虑和选择的重要一环。

10.4.1 海外仓系统：响应快＋字号大＋操作易

从供应链体系和产业链生态方向来看，海外仓运营能否成功，重点的一项因素是，海外仓中的海外仓系统能否在所有流程环节中起到应有的作用。其中仓储商品类型的归类与供应链类型的匹配，都要依靠海外仓系统。海外仓系统对仓储智慧决策起着重要作用，并且海外仓系统还要有以下特点：

1. 响应快

就是系统响应速度要快。物流中心的执行速度很快，所以系统的查询速度和数据处理速度要跟上员工的作业速度，如果系统太慢就会耽误物流作业。从系统技术架构来看，数据读取量、数据库结构设计和客户端内存资源的使用都会直接影响系统的反应速度。

2. 字号要大

因为作业人员和一般的写字楼工作不同，他们大多数都要站着工作，眼睛和电脑屏幕之间的距离要比坐着与电脑屏幕的距离远，所以系统界面的字号应该足够大，让作业人员方便阅读。尤其是数据和编号等关键信息，要画在重点位置上，方便操作人员工作，并提高其工作准确性。

3.系统要操作简单、容易

电商系统不是普通的网站页面，所以不需要吸引人的注意，不需要美观的动态图片，也不是动态分析报表，企业人员不需要像证券公司的工作人员要实时观测数据走向。海外仓系统的界面主要是物流作业分解开的静态操作界面，其中只需要输入拣货数量或上架数量等数据，除必需的提示信息外，界面上应该没有冗余的内容。

10.4.2 仓储自动化：提升效率的法宝

海外仓系统的自动化是指在不需要人工直接处理的情况下，能进行自行存储和自动取出货品的系统，并且有的自动化仓库可以直接与其他生产系统相连。

仓储自动化是经过电子计算机控制和管理，直接依靠系统进行仓库的收发作业，在操作过程中不需要人工搬运作业，通过自动化机械系统就能直接完成货品的收发，降低了传统的人工成本，提高了操作的准确率，大大提升了效率。

10.5 海外仓产品规则详解

海外仓对存储的产品类型没有制定太多规则，但并不意味着所有产品都适合于使用海外仓。

10.5.1　海外仓产品前台展示

只有做到充分分析和研究，才能选择出适合的产品在店铺前台展示，并且做到最大化效用地使用海外仓。

1. 质量好、利润高、价格高的产品

其中不会因运输时间长、多次长途周转而有所损耗的产品；附加值高、利润高、价格高的产品都适于使用海外仓。价格低廉且利润低的产品不适合，因为将产品销售出去之后，不能保证每个用户对订单都是好评，在产生售后服务时，如果没有足够的利润作为支撑，那么产品放在海外仓销售就毫无意义。

2. 销售周期短的产品

最好在海外仓储存销售周期短的产品，最好是热销产品，因为产品销量好，库存周转才会快，这样才能良性循环，而不会发生积压滞销的情况，也有利于电商企业回笼资金。考虑到不同地域、不同时节的销售量好的产品是不一样的，电商企业需要实时关注市场动态，以此制定灵活的销售策略。

3. 库存充足、易补给的产品

在使用海外仓之前，电商企业应该先进行市场动态分析、库存分析和货源分析，除把控好产品质量以外，也要求保证产品货源充足，保证补给稳定。无法保证货源与补给的产品，不适合使用海外仓。因为一旦热销起来，店铺却没有足够产品去销售，且后期补给跟不上来，就会对账号产生很大影响，导致买家对店铺产生不满。

4. 尺寸大、重量大的产品

如果使用国际快递来运输尺寸大、重量大的产品至海外，一是运费昂贵，二是会受到产品规格限制而使用一般贸易形式完成产品的运输就要方便很

多，电商企业可以使用空运或者海运方式进行批量运输，以有效降低运输成本，保证发货的时效性，提高买家的购买体验。

10.5.2　海外仓产品服务规范

海外仓中的产品和普通仓储有所区别，海外仓的货物由于不是当地生产的产品，所以在产品服务方面，应结合当地对同类型产品的要求，在销售过程中和售后服务过程中尽量符合当地规范，保质保量地做好产品服务。

对海外仓自身而言，系统是否使用流畅、高效、成熟也是其能否高效完成整个服务流程的关键。从某种程度上来说，也是服务商、买家、产品、海外仓、物流公司之间的信息对接。

据了解，很多海外仓系统开放了 API 接口，可以为电商企业提供 eBay、亚马逊以及自有网站的对接口，以此实现 eBay 订单的自动加载，Amazon 订单的随时导入，并且实现追踪号批量更新。而电商企业也可以省去录入产品订单信息、填写产品单号、处理售后的各种麻烦。除此之外，很多海外仓系统还支持物流公司为买家提供一键代发和包装、退换标、拍照等服务；一些海外仓 WMS（仓储管理系统）还可以进行多种模式的自动收取，像入运费、仓租费、库费、退货处理费、上架费、出库处理费、增值服务费等服务。

10.5.3　海外仓产品奖励资源

海外仓已经成为跨境电商的一种选择，使用海外仓的电商企业能够向买家提供更为完善的物流和售后服务，提高买家对服务的满意度。例如，全球速卖通平台就可以大力扶持需要海外仓的电商企业。

速卖通方面表示，想要使用海外仓的电商企业，可以根据海外仓所在地填写商品基本信息，并在电商企业的店铺上架，使得买家可以通过搜索页、商品详情页、搜索筛选项等页面了解产品信息。同时，这些电商企业的产品还将入驻全新上线的海外仓栏目，享受独家的推广资源，并且可以参加在美国主站及其他各个国家站点举办的海外仓专场活动。除此之外，入选的海外仓电商企业还可以享受专属的免费推广资源，参加速卖通无线端专场热卖活动，并针对目标国家的买家进行专门推广。

还有亚马逊、eBay、Wish都对在目标国设有海外仓的电商企业进行了扶持，并提供了不同程度的奖励资源，其中奖励多是为其店铺产品增加宣传，定向地向当地买家进行专项推广。

10.5.4　海外仓产品所需的增值税

对跨境电商而言，如果要在国外设立海外仓，比如欧盟诸国，那么从设立的那一刻起，就需要在所在国进行增值税登记。比如，亚马逊平台英国站的卖家表示收到亚马逊英国电话，要求6月30日前必须在亚马逊英国站后台提供VAT税号。这一要求其实就是针对海外仓卖家施行的。

以英国为例，当货物进入英国，就需要缴纳进口税，货物销售后，商家则可以退回进口增值税，再按销售额缴纳相应的销售税。英国的增值税一般有三种税率，第一种是针对大部分产品和服务征收的20%的标准税率，第二种是针对一些诸如家庭用电和暖气征收的5%的低税率，第三种是针对诸如生活必需品、儿童衣服用品和未经加工食品征收的零税率。卖家实际缴纳的增值税为销售增值税减去进口增值税之后的数额。

对英国而言，凡卖家的产品使用英国本地仓储发货，就需要缴纳增值税，也就是说，货物在销售时，货物的实际存放位置是在英国当地，而并非由英国买家个人进口进入英国，在增值税应缴范畴。而那些商家货物所在地不在英国，只是在欧洲发布的，就不在增值税应缴范畴，比如邮政小包从中国发往欧洲。对于使用海外仓的快递企业而言，增值税是一个无法避免的款项。

拥有海外仓的企业该如何完成增值税缴纳，从而避免一些不必要的麻烦呢？毕竟如果卖家不及时缴纳增值税，会受到所在地海关总署包括罚款、货物查封、向平台举报等不同程度的处罚。仍以英国为例，符合条件的征收对象需要先注册一个增值税账号，而后才能进行增值税缴纳。这个增值税的号码是唯一的，征收对象所使用的海外仓储服务公司不能代缴，同时也不能使用提供海外仓储服务的公司或者是其他个人提供的增值税号码作为自身的增值税账号。征收对象在收到增值税号后，根据提供的申报期按时申报就行。

另外还有一些小问题需要注意。比如公司更改名称了，如果公司的证书代码不变，则增值税号可以继续使用，如果证书代码发生变化，则增值税号不能继续使用；同一个增值税账号在平台上不同的账号使用会发生关联等。

10.5.5 海外仓滞销产品处理办法

海外仓滞销产品的处理方式有很多，最常见的有以下四类，跨境电商卖家可以根据自身情况来选择最适合自己的办法。

1. 产品折扣

产品折扣就是利用让利的方式将滞销产品销售出去。大多数跨境电商平台都会为跨境电商卖家提供相应的促销活动，如常见的秒杀活动。符合平台条件的电商卖家可以将仓库库存报给电商平台参加促销活动，用低价产品吸引买家，以此完成销售活动。电商卖家还可以使用捆绑销售、满减优惠等方式吸引买家购买滞销产品，以减轻自己在海外仓的库存压力。

2. 海外分销

电商卖家可以使用多平台方式进行产品分销。使用多个平台销售产品可以有效提高产品的宣传流量，提高产品销售量，以减轻海外仓库存压力。电商卖家还可以使用委托第三方卖家的方式来分销仓库滞销的货品，以此拓宽销售路线。

3. 销毁

由于海外仓有着价格不菲的管理费用，所以销毁滞销产品是一种常见的处理办法。对临近保质期的产品或者低价值产品来说，二次销售的综合成本可能高于货品本身的价值，所以使用销毁的处理办法是最佳的选择。销毁是亚马逊平台最常使用的产品处理办法。

4. 转让

很多卖家不想在滞销产品上花太多时间和精力，所以没有选择产品折扣和海外分销方式进行销售，转而选择使用转让方式将货品快速处理掉。一般是在当地以低价直接将货品转让给第三方，第三方接手货品后自行处理。

第 11 章

支付：用最合适的方式拿到钱

随着全球跨境电子商务的爆发，各个支付商都在为卖家提供相应的技术支持与服务，丰富的支付方式是其中一个重点，例如，为卖家提供本地化支付服务。

11.1　跨境电商常用的支付方式

目前的支付方式可分为线上支付和线下支付两大类，本节将会介绍几种常用的交易方式。

11.1.1　电汇：适合大额交易

电汇，即通过电报办理汇款。电汇交易模式是汇款人先将一定款项交存汇款银行，然后由汇款银行通过电报或电传发送给目的地分行或代理行，并指示汇入行向收款人支付一定金额的一种汇款方式。电汇是汇兑结算方式的一种，一般适用于单位之间的款项划拨，有时也可用于单位对异地的个人支付有关款项，或个人对异地单位所支付的有关款项。

电汇的操作流程是先由收款人或债务人填写汇款申请书，注明采用电汇（T/T）的方式并将所需款项和支付费用交给汇出行，取得电汇回执。汇出行在接到申请书后对其进行审查，无误后通过电报或电传向汇入行发出解付指示，并加列双方约定使用的密押。汇入行进一步进行审查，无误后缮制电汇通知书，通知收款人取款。最后收款人凭借通知书一式两联去汇入行取款。

通常电汇中的电报费用由汇款人承担，银行对电汇业务处理较快，最多不超过一个工作日，而且不占用汇款资金。所以，一般金额较大的汇款多采用电汇方式。

在线下支付方式中，电汇具有安全和快捷的优点，电汇的到账时间一般为两个小时，最晚一个工作日。在电汇操作过程中，需要买家填写邮件信息，再经过汇出行和汇入行的两轮审查，最后卖家凭通知书取款，这种操作方式安全性能极高。另外，电汇结算没有金额的起点限制，结算手续简单易行，适用范围广。

11.1.2　西联汇款：安全性好

西联汇款是一家世界知名的特快汇款公司，目前已经有 150 年历史。西联汇款通过与世界各地的银行建立合作关系来拓展业务，目前已在 200 多个国家和地区设立了 3 640 001 个代理网点。

西联汇款的操作流程比较简单，汇款人只需到所在地最近的西联合作网点填写好详细信息即可，其余工作西联会帮助完成。

一般汇款人需要填写汇款表单，然后支付相应的手续费，签名并接收收据，得到汇款监控号码，以用于跟踪汇款状态，最后是通知收款人收款。

收款人在前往合作网点取款时一定要确保货款已到，确认工作可以通过和汇款人联系或者网上查询实现，同时一定要核实信息，避免出错。随后即可前往合作网点，携带身份证和汇款国家或地区、汇款金额、汇款监控号码，填写表单签署收据后即可取款。

西联汇款的特点之一是使用方便，因为西联汇款的合作网点遍布全球，多数地区都可以使用这一支付方式进行线下交易，手续也比较简单。另外，西联汇款到账速度极快（一般在十几分钟）。最后，西联汇款的手续费由买家承担，而且可以先提钱再发货，对卖家而言比较划算。不过对买家而言，存在一定的支付风险，很多买家会担心自己支付后卖家不发货，因此不易于被大多数买家接受。而且汇款手续费是按笔收取的，小额交易手续费高。

11.1.3　MoneyGram：成本较低

MoneyGram 即速汇金，是一家与西联类似的汇款机构，也是通过在世界各地建立代理网点来拓展和经营业务。不过，速汇金是一种个人间的环球快速汇款业务，汇款快捷便利，一般从汇款人到收款人的汇款过程，10 分钟即可完成。通过速汇金系统的汇款业务，当前只在美元上办理。

速汇金的操作流程是这样的：汇款人需要准备外汇管理要求的相关证明文件到速汇金办理柜台填写申请表，表格处理后到现金区缴费，再持表回速汇金办理柜台办理汇出，并自留一联底单，最后通知收款人。收款人则需持本人速汇金业务参考号码和身份证件到速汇金柜台，并根据金额大小按速汇金柜台要求提供相应材料，在核对无误后办理取款，并自留一联底单。

速汇金的特点体现在以下几个方面：一是快速，一般只需 10 分钟操作程序就能完成；二是便捷，和西联一样，速汇金在全球 197 个国家和地区建立了 300 000 个网点，可以给大多数地区的人提供服务；三是简单，汇款人只需填写一张表格，也不需要银行账号就可完成操作流程；四是收费合理，汇款金额不高时，收取费用较低，而且无中间行费和电报费；五是安全可靠，一面是速汇金在汇款领域已有悠久的历史，另一面是与速汇金合作的都是当地高质量的银行、邮局和连锁超市网点。

不过速汇金也存在一些局限，比如汇款人和收款人必须是个人，必须是境外汇款，并且客户持现钞向账户汇款，还需要缴纳一定的现钞变汇手续费。和西联比起来，速汇金只在工作日办理业务，一年不超过 300 天，而西联则是全年办理业务。另外，西联合作伙伴银行可以为客户提供 VIP 专窗服务，速汇金则没有。

11.1.4　PayPal：小额交易的首选

PayPal 的总部设在美国加利福尼亚州圣何塞市，是知名的在线支付服务商。一些电子商务网站与其合作，把它作为自身的一种货款支付方式，同时 PayPal 会收取一定的费用。

付款人需要一个邮件地址，登录后开设 PayPal 账户，通过验证后成为其用户，同时提供信用卡或相关的银行资料，保证账户有一定金额。之后就可以将钱从开户时登记的账户转移至 PayPal 账户下。

当付款人开启向第三人付款程序时，必须先进入 PayPal 账户，指定一定的汇出金额，并提供收款人的电子邮件地址给 PayPal。随后 PayPal 向商家或收款人发送电子邮件，通知其收款。如果商家或收款人也是 PayPal 用户，那么决定接受之后，货款就直接转入其账户，如果不是 PayPal 账户，PayPal 会用电子邮件引导其注册成为 PayPal 账户，而后完成收款。可见，电子邮件在 PayPal 运作过程中贯穿始终，发挥着重要作用。

PayPal 的特点可以集中在买家和卖家上进行阐述。

对买家而言，首先是安全，买家付款时不用向商家提供任何敏感金融信息，享有 PayPal 买家保护政策。

其次是简单便捷，集多种支付途径于一体，买家两分钟即可完成账户注册，同时具备多国语言操作界面，支持信用卡在内的多种支付方式，数万网站都支持 PayPal，只需一个账户即可买遍全球，而且 PayPal 不向买家收取任何服务费。

对卖家而言，一是效率高，PayPal 实现了网上自动化支付清算，有效提高了运营效率；二是安全性好，PayPal 具有成熟的风险控制体系，内置防欺诈模式，个人财务资料不会被泄露。据统计，使用 PayPal 支付方式的商家因欺诈而遭受的损失不到其收入的 0.27%。最后一点就是可以帮助卖家节省费用，卖家无须支付开户费及年费，只有在交易过程中才需付费。另外，PayPal 还集成了所有常见国际支付网关。

11.1.5　国际支付宝：新型支付方式

全球速卖通是阿里巴巴旗下专为国际市场打造的在线交易平台，是全球第三大英文在线购物网站，通常被广大卖家称作"国际版淘宝"。顾名思义，有淘宝就应该有支付宝，适用于国际市场的第三方支付平台——支付宝国际版应运而生。

支付宝国际版是阿里巴巴与支付宝公司联合开发，其设计初衷主要是为了在国际在线交易中为买卖双方的交易安全提供第三方担保服务，功能包括对交易的收款、退款、提现等。对用户而言，如果已有国内支付宝账户，则只需绑定国内支付宝账户即可，不用再申请国际支付宝账户。如果没有国内支付宝账户，登录 Alipay 系统，设置自己的账户即可。

国际支付宝的服务模式和国内支付宝类似，在交易过程中，都是先由买家将货款转移至第三方交易平台支付宝或国际支付宝账户中，然后第三方担保平台通知卖家发货，买家在收到商品并确认没有问题后，第三方担保平台将货款转至卖家，这时一笔网络交易就算完成。

支付宝国际版有它自身的一些特点和优势。国际支付宝是第三方支付担保服务，并非支付工具，安全性能极高。它的风控体系能够保护用户在交易中免受信用卡盗刷的欺骗，而且国际支付宝仅在收到货款的情况下才会通知发货，在买家确认收货后才将货款转至卖家账户，这样可以避免使用其他支付方式存在的交易欺诈风险。

同时，支付宝国际版支持多种支付方式，包括信用卡、T/T 银行汇款等，未来还会有更多支付方式陆续被引入。另外，这种线上支付方便快捷，足不出户就可以完成交易，然后送货上门，给消费者以极大的便利。国际支付宝无须预存款项，也不收取任何服务费用，速卖通会员只需绑定国内支付宝账户和美元银行账户就可以实现两种货币收款。

11.1.6　信用卡：在欧美地区盛行

信用卡又叫贷记卡，如图 11-1 所示。主要用于非现金付款交易，是一种比较简单的信贷服务。信用卡于 19 世纪起源于英国，最初仅在服装行业使用，只有短期商业赊借功能，无法长期拖欠，也没有授信额度。

20 世纪 50 年代，美国商人弗兰克·麦克纳马拉在纽约创立了"大来俱乐部"，为会员办理信用卡，会员可凭借卡片去指定的 27 家餐厅记账消费。随后，美国加利福尼亚州的富兰克林国民银行作为金融机构首先发行了银行信用卡。

图 11-1　信用卡正面图

　　信用卡有许多特点，比如先消费后还款，用户还享有一定期限的免息权，可以自主分期还款；信用卡不仅具有支付功能，同时持卡人还可以通过信用卡从发卡机构获得一定的贷款；使用信用卡可以减少货币的使用，方便购物，增强安全感，同时也能简化收款手续，节约社会劳动力；鼓励超前消费，能够刺激社会需求，促进产品销售。

　　在欧美，信用卡机制十分健全，信用卡用户群体庞大，已经成为欧美最流行的支付方式。不过信用卡也存在一些缺点，比如盗刷、拒付、还款麻烦、利息高、需要交年费，还容易导致盲目消费。

11.1.7　区块链支付：彰显技术的魅力

　　作为新兴支付方式与技术，区块链为分布式分账技术提供了一个平台，不需要银行和其他金融机构等第三方来进行价值交换，解决了交易过程中的信任问题，具有更高的安全性与实用性。

1. 安全性

　　当前，移动支付已经得到广泛普及，但也隐藏着很大的安全问题，区块链的出现能够很好地解决这一难题。区块链能够对移动支付的安全性给予技术支持，本质上是将交易以一个防篡改的账本为基础，从而让试图闯入用户账户的行为变得难上加难。如欺诈、重复支付、哄抬物价等问题将在区块链技术下得到有效解决。

2. 及时性

当前移动支付的速度提升已经成为一道难题。即使诸如比特币这样的特殊虚拟交易，也需要耗费几分钟甚至几个小时才能够完成。但是，通过区块链技术，支付速度就可以超越现有水平，真正实现及时性。目前，更快捷的网络正在由开发人员继续研发，通过此技术的搭建，仅仅需要几秒钟，人们就可以通过智能手机向任何地区的支付对象转账。

3. 节省性

据世界银行调查，全球平均汇款成本为 7.5% 左右，商业银行更高，达到 10%。但是，如果这一比率能够降至 5%，那么每年全球的消费者都可以节省至少 160 亿美元。因为区块链技术不需要第三方机构介入，所以用户可以向全世界任何人转账而不需要支付高昂的服务与交易费用。

另外，目前还有很多人没有开通银行账户，但通过区块链技术，人们可以直接跳过开通银行账户这一操作，直接参与到全球电子商务之中进行贷款、转账等业务，大大减少由中间环节带来的时间消耗与人力成本。

4. 便捷性

在区块链技术加持下，移动互联会变得更加便捷，现金、支票等传统媒介已成为过去，甚至连塑料都将成为古董。生活中人们将会享受在支付宝、安卓支付和大型零售方数字钱包等带来的便利之中。

5. 共享性

获得奖励的反馈更有利于消费者在交易中得到激励并产生二次消费。正是区块链技术对积分交易方式的改变，让所有交易都被记录在一个公开账本上共享，市场上所有商家都可以通过共享账本对交易记录进行监视，以防止不诚信事件发生。全民共享时代将会来临，届时人们只需要轻轻一点，就可以将自己所购买的产品或积分送给你身边的其他人。未来，各个商家都可以通过这种奖励系统来激励消费者。

区块链技术无疑会使跨境电子商务交易更加便利，也会促成更多交易产生。但目前区块链技术与其他技术相比还待更加成熟，需要世界各个国家和部门对其进行相应监管，科技的进一步发展将使其发挥出巨大的力量。

 ## 11.2　支付方式的选择技巧

我们分析了跨境电商中常用的几种线上和线下支付方式，接下来我们来探讨支付方式选择问题。从上面可以看出，不同支付方式各有特色，也都有缺点，那么跨境电商企业该如何选择更适合自己的支付方式，从而在交易中达到安全、便捷又便宜的效果呢？下面就从三个方面来分析一下。

11.2.1　考虑不同国家的支付习惯

依据目标市场来选择支付方式，要考虑三个问题：一是跨境出口的产品是什么；二是哪些国家和地区对这些产品需求大；三是哪里的消费者习惯用哪种支付方式。

以我国商品通过跨境电商平台的出口为例，出口商品市场主要包括德国、美国、英国、俄罗斯、巴西、澳大利亚以及日韩等周边邻近国家。比如美国市场比较庞大，那么首先也得分析产品需求。

跨境电商平台整理的各国对于中国出口商品的需求和最终交易统计数据显示，在美国这一项上，占第一位的是服装及配饰，其次是手机及配件，珠宝、首饰、手表，电脑和电子消费产品。

另外，一项调查结果还显示，英国消费者更青睐于网购机票，德国消费者的消费重心在家庭电子产品上，巴西消费者的偏好则是电脑硬件，北美市场对于中国的纺织品有需求，欧洲市场对于自行车零配件有需求等。

在不同地区，当地消费者对于支付方式的选择也不同。比如美国是信用卡机制比较完善的地区，那里的消费者在选择支付方式上比较倾向于选择信用卡，而巴西、俄罗斯都喜欢使用本地化的支付方式。PayPal 在欧洲也有很大的市场，而东亚邻近国家比较偏向于使用当地的支付方式，就像有些支付平台对中国开放的银联。

所以在找准产品目标市场后，分析那里消费者的支付习惯也非常重要，不然在消费者第一次接触时，很可能会因为陌生的支付方式导致订单流失。下面可以用一个小案例来说明依据目标市场选择支付方式的重要性。

某跨境服装行业把经营重心放在对欧洲服装的在线清算上，但是在整套流程下来后他们发现订单转化率并不高，支付成功率刚刚过半，并且购物车的弃购现象非常多。

后来 IPayLinks 通过分析发现，他们在网络平台支付页面上缺乏对客户付款的有效引导展示，而且最重要的是没有提供受当地欢迎的本地化支付方式。所以该企业立即对其进行了修改，加强了支付界面对客户的引导功能，并增加了欧洲常用的本地化支付方式。

不久，客户的接受度和支付效率就得到了明显提升，订单转化率也由原来的刚刚过半达到了 80% 以上。

11.2.2　多种支付方式搭配使用

在考虑到不同国家有不同支付习惯后，相比单一的付款方式，我们可以采用混合支付方式进行产品销售，以灵活的支付方式赢得更多的买家。以下有几种常见的付款方式。

1. 智能 POS

指搭载智能平台上的多功能 POS 机。智能 POS，是指建立在传统 POS 基础上增加了智能平台和 3G 通信服务，可以支持多种支付方式，并具有多种功能的 POS 机。

它是一个基于移动互联网云服务的专业的智能化商业管理服务终端，从支付的各个环节出发，帮助电商企业通过收集到的消费数据信息了解买家的购物习惯，了解现在的购物趋势并实现再营销的智能工具平台。

2. 电汇

实际外贸中会运用很多的支付方式，而大额交易基本都会使用电汇的支付方式。但实际上，低于 1 万美元且高于 2 000 美元的交易选择使用电汇，也是一种不错的支付方式。

电汇银行与手续费相关的流程一般分三个环节，第一个环节是付款人付款时，银行自行产生的手续费，这笔款项由付款人自付，也可以选择在付款金额中扣取；第二个环节为银行中转时产生的跨行手续费，一般是在汇款金额中自行扣取；第三个环节为收款人在收款银行中的手续费，在汇款金额中自行扣取。

其中，电汇的到账时间是被普遍关注的问题，目前一般都是要在订单到达，财务方面明确收到账款之后，再进行后续工作，比如发货。

在电汇时间上，银行之间没用统一规定，不同银行有不同时间，而且主要是看汇款路线，中转银行少时间就快一些，中转银行多就慢些。

3. PayPal

PayPal 是现在国际上小额支付的首要选择方式。PayPal 是一个国际性第三方在线支付平台，其在线付款方便快捷，并且可以解除买家完成付款后收不到货的担忧，是国外买家在电商平台支付方面的首要选择。

PayPal 在欧美地区覆盖面很广，只需要一个邮箱便可以完成注册，并且开户没有费用。作为一个第三方支付平台，PayPal 像支付宝、微信一样，如果在交易过程中出现问题，可以直接向 PayPal 投诉，并且可以得到及时回复解答。

跟其他支付手段相比较，PayPal 在电商平台使用安全、快速，和国内的支付宝、微信类似，在买家付款之后，立刻会显示出 PayPal 的账单信息和交易信息，并且具备多种工具，轻松实现交易管理，提高交易效率。而且相比华人喜欢使用支付宝、微信支付，PayPal 在国际上的各国市场接受度更高，目前可以在 190 个市场和 6 种货币中使用，是国际上小额跨境贸易工具中最主流的付款方式。

4. 信用卡收款

目前在美国和欧洲地区，主流付款方式还是信用卡，因为美国和欧洲的信用卡是链接到个人信用资料中的，使用信用卡作为付款方式非常安全。

目前的跨境电子商务平台，由于 VISA 和 MasterCard 之间的合作，可以实现通过信用卡进行在线支付。

信用卡对付款有着严格的风险控制，常出现的风险主要集中在客户退单和少数信用卡诈骗行为。例如，买家退单或者悔单，由于国际小额贸易前期物流等相关费用投入，买家毁约会给电商企业带来损失。

目前多数的主流跨境电子商务平台在交易中更偏向于对买家的服务。普通支付平台会提供相对安全的各种验证措施和加密措施，比如跨行信用卡之间组织的黑卡库等信息共享，只要在交易过程中碰到黑卡或者盗卡情况，直接会被系统拒付。

5. 国际版支付宝

在国际化市场下，非常新型便利的支付方式，但在国际市场的接受度并不高，主要应用于阿里巴巴推出的速卖通平台，操作原理跟国内支付宝类似。

不过因为阿里巴巴较强的世界影响力，大家在接受小额付款的时候，也可以向客户推荐使用阿里巴巴的国际版支付宝，毕竟阿里巴巴支付宝我们熟悉，物流操作和沟通起来都比较方便。

11.2.3　谨慎辨别支付风险

上一小节比较了七种跨境电商常用的支付方式，对买家和卖家而言，支付较少的手续费当然是较好的选择。不过在考虑支付手续费的同时，不得不考虑支付风险。那么这几种支付方式中哪一种支付风险最高，哪一种又是安全性最好的呢？

信用卡是一种对于买家和卖家都存在风险的支付方式。对买家而言，欧美是比较习惯于使用信用卡消费的群体，而且往往习惯于无密支付，消费者只需要输入卡号、有效期和CVV2就可以完成支付流程，这就给不法分子实施欺诈提供了极其便利的时机。现在的国际信用卡都开通了拒付功能，这对商家而言也是潜在的风险。

贝宝和支付宝国际版安全性是很高的，尤其它们都采取的是维护消费者的原则，买家对商品有任何不满都可以通过平台投诉，商家因此无法收到货款，所以对于消费者是很有利的。在跨境电商交易中，也会存在部分恶意消费者，商家自身的利益受损是难免的。

电汇和西联汇款这两种支付方式都采取收到货款后发货的方式，这种交易方式对卖家是极其有利的，而对买家却存在一定风险。很多买家都会担心货款汇到后卖家不发货，这也常常影响交易额的完成率。不过交易过程中需要买家、银行和卖家三方就交易信息进行确认和沟通，比起信用卡的欺诈和倒刷等风险，这种交易的风险还是比较小的。

汇款人在用速汇金办理汇款业务时会设置一个收款密码，随后将这一密码告知收款人，收款人凭借密码和相关身份证明到银行取款，一般不容易出问题，安全系数较高。

通过以上分析可以看出，跨境电商交易支付方式的风险是不同的，不但不同的支付方式有不同的风险，就是同一支付方式下买家和卖家的风险也是不同的，买家和卖家在选择支付方式时一定要仔细甄别，选择对自己最安全的那一种，以避免在交易过程中受损失。

第 12 章
物流：将商品送到消费者手中

跨境电商和实体店铺不同，货物不是由买家自己上门提取，而需要靠物流把货物送到买家手里。国内电商很多人都比较了解，许多承运的快递公司差别不是很大，但到跨境电商这一领域就比较复杂了。

因为跨境电商的商家对于目的国的快递公司并不很了解，自身经营产品的性质也会对快递公司的选择有所要求，同时跨境电商商家最终面对的是买家，还要考虑到买家的需求。

如此这般，对于跨境电商而言，选择物流模式就不是一件简单的事。这一章就围绕物流模式这一中心，集中论述目前跨境物流领域存在的几种常见物流模式，通过对比，引导商家根据自身情况选择更合适的物流模式。

12.1 选择合适的物流模式

　　跨境电商怎样才能选择到适合自身的物流模式呢？首先得弄明白什么是合适。所谓合适就是既能满足买家的需要，同时又能给自己节约成本。其次得弄清目前跨境物流的总体特征。最后就是要弄清楚在跨境物流领域有哪些物流模式，这些物流模式各自的特点是什么。只有弄清了这三个方面，同时结合自身产品的特性和顾客的需求，才能在实际操作中选择出合适的物流模式。

12.1.1　目前跨境物流的痛点

　　和境内物流相比，跨境物流有许多问题需要解决。单从字面意思上，就可以看出跨境物流面临的几个问题。比如，跨境既要出境也要入境，那么就面临两道海关的检查。此外，距离远、发货时间、货物出了问题、退件等都是问题。下面我们就来具体说说跨境电商中物流面临的几个痛点，如图 12-1 所示。

图 12-1　跨境物流的几大痛点

　　第一，海关检查。对跨境电商而言，任何进出口货物都要面临清关问题，即货物在进出境时只有履行完诸如查验、征税等义务后才能放行。

目前跨境电商的线上交易完成，物流通关时经常会出现一些问题，程度较轻也许补充一些资料就可以解决，程度严重的可能会导致扣货，从而延长物流时间，给物流的时效性带来负面影响。买家还会因为物流问题对卖家产生不满，在平台上给予差评甚至退款，从而给卖家带来很大的损失。

第二，税务问题。在跨境电商中，外贸人员在货物出口时要交纳增值税。目前的跨境电商交易平台上，只有 eBay 卖家不需要交纳增值税，其他平台的卖家仍需缴纳这一税务。因此，这些外贸企业掌握增值税的算法，遵循交纳增值税的方式，做到熟悉外贸各种流程，仍然是比较重要的。

第三，运输成本。与国内物流短周期窄地域的特征不同，跨境物流时间周期长，地域跨度广，不得不面对时间和运费两种成本问题。

一般的国际快递最快也要 3 ～ 5 天，如果平时买家还有可能耐心等待，如果适逢圣诞节这样的特殊日子，买家心理预期仍然是 3 ～ 5 天，而这段时间又刚好赶上销售黄金时间段，卖家收到过多订单不能及时发出，买家等过了心理预期时间选择退货，甚至在平台上给差评，卖家损失就很大了。

另外就是运费问题。很多买家在买东西的时候往往会优先选择免运费的，这对于那些一时还没有找到合适价格合作的国际物流公司的卖家而言，也是一个很大的问题。

第四，售后服务。跨境电商中面临的服务问题主要是送货和退换货，无论是国内电商还是跨境电商都面临退换货问题。买家买到产品后，发现可能跟心理预期有差距，也可能确实由于产品质量存在小的瑕疵，也许因为对于产品不够了解，这些都可能导致买家退换货。

对国内电商交易而言，物流比较方便，距离产品发出地较近，很容易满足买家的退换货请求。但对跨境电商卖家而言，如果没有海外仓可提供就近的产品退换服务，也没有建立这种合作关系的物流公司，就无法满足买家的这一服务需求，这对买家的购物体验会造成反面影响，从而影响卖家的业务拓展。

另一个就是送货问题，主要体现在最后一公里上。以国内物流公司的最后一公里服务作对比，相信很多人都对京东的服务比较满意，所以卖家在选择派件公司合作的时候，最后一公里的服务水平是很重要的衡量尺度。

12.1.2 考虑买家的购物需求：费用、安全、速度

在跨境电商交易中，不同消费者对于产品物流渠道的考虑有很大的差别，有的对于产品有着迫切的渴望，希望立刻能够收到；有的因为自己财力有限或消费克制，总会在同一商品的购买上反复比较不同店铺的物流费用；有的消费者可能遭遇过购买商品丢失的沮丧，所以会把安全作为选择物流的最重要因素，不知道你是哪一种？下面我们就来仔细分析买家的哪些购物需求对于跨境电商选择物流公司发挥着重要作用，如图 12-2 所示。

图 12-2　影响商家物流公司选择的几个因素

首先是费用。网上店铺提供了远比实体店铺便宜的产品，因为和实体店铺比较起来，它节省了很多诸如人力、房租和管理成本，所以许多消费者最初选择网购是因为价格优势。

同样地，无论是国内电商还是跨境电商，消费者已经在潜意识里有了在这里购物更加便宜的心理认知，所以价格往往是大多数消费者首先考虑的因素。因此，跨境电商卖家要想在销售上取得更好业绩，选择一家能够在价格上提供优惠的物流公司是不错的选择。

其次是速度。国内电商如此，跨境电商也如此，尤其是跨境电商物流一般比较慢，许多买家会因为承受不起时间成本而选择支付提供更快物流服务的商铺商品的物流费用。如果卖家能压缩货物运送时间，则可获得一定的购买优势。

最后是安全问题。国内电商平台上的消费者支付成功后等上一段时间一般都能收到购买的商品，很少消费者有产品损毁、产品发错，或寄错地址等经历。

在跨境物流中，这种安全问题出现的可能性则会相对大一些，比如产品过海关没达标，运输过程中出差错，派件时损坏产品，这些都会对消费者购买产品的安全性造成威胁。相比国内物流，跨境物流出现问题之后解决起来更麻烦，需要更长时间，所以卖家在选择物流公司合作时，安全、专业、高质量服务也是非常重要而且具有长效作用的因素。

12.1.3 考虑商品的特点：大小、重量、贵重程度

不同的卖家，其所销售的产品在性质种类上也有所不同，所以对跨境电商中的商家而言，就像竞争中不能模仿竞争对手定价一样，在商品配送方式选择上，尽管不是竞争对手，也不能模仿其他行业的物流模式。卖家需要根据自己商品的特点，比如体积大小、贵重程度、易破损程度等来有针对性地选择物流。下面就介绍几种根据商品特点选择物流的方式。

（1）根据商品体积进行选择。对于那些比较小巧的商品，比如明信片，可以用挂号信的方式，不适合用平邮。至于小件的衣服、日用品或化妆品，则可以选择平邮、一般的快递公司、邮局快包或 EMS 等。

对于那些体积大的，比如被褥、较大型书架、床、沙发等，如果选择邮政快包或快递公司，成本就比较高，无论成本由商家还是消费者承担都不合算。因此最好还是使用物流托运方式发货，虽然时间成本较高，但这类商品往往对时间的要求并不很高。

（2）商品的贵重程度。对购买贵重商品的消费者而言，费用在物流选择上应该位居其次，如果不考虑时间性，在物流方式的选择上，安全性是最重要的。首先是选择信誉可靠的公司，其次是进行保价，最后就是在包装上做好防护措施。

（3）商品对于时间性的要求。很多商品本身是没有时间要求的，但有

可能是顾客急需的。也有一类商品，比如生鲜类，有一定的保质期，一定要选择冷藏储运系统完备的物流公司进行合作。

12.1.4 挑选物流服务商的维度：专业度、收费、时效、服务

每个消费者在作出选择时都会权衡收益和得失，比较不同的卖家，而卖家对于物流服务商的选择也一样。就如同我们买一双鞋会根据自己的消费能力去选择品牌，卖家也会根据自己的承受能力去选择一家更知名的物流公司，而知名度往往是靠对其他维度的打造来实现的，比如专业性、服务、收费等。下面就来具体看几个影响较大的因素。

（1）专业程度。对一个物流公司而言，仓储、运输、配送以及诸环节的衔接和管理，都能体现其专业度。另外，对于运输过程中出现问题的解决能力，尤其是跨境电商中的过境问题和境外配送问题，以及最后一公里派件，都是重要的评价指标。

（2）费用高低。卖家的目的是营利，所以就需要在各个环节尽可能地降低成本，从而在最终的结算中增加收益。在跨境电商中，物流是一个比较重要的中间环节，是每一笔交易完成的中介，它的费用和卖家的营业额以及最终收益紧密相关。另外，物流公司的收费不仅影响卖家，还会影响到买家的购物选择。所以费用高低是卖家挑选物流服务商的重要依据。

（3）时效。前面已经讨论过，跨境物流中的痛点之一就是时效。如果选择的物流公司速度太慢，那么时间成本导致的糟糕购物体验最终会落到卖家头上，不但对卖家当下的经营有影响，还会对其后期进一步扩大经营形成阻碍。

（4）服务。物流公司的服务是联系卖家与买家的环节，但在这一环节中卖家被架空，买家对于卖家的认识和理解除商品本身外，依靠的就是物流公司提供的服务。

尤其在跨境电商这样的市场环境中，建立买家与卖家的信任，物流是

比较重要的环节，比如是否能按时交货，对于运输和派件过程中存在的问题物流公司人员的应对措施等。如果这些不能满足消费者预期，对卖家而言，负面因素就产生了。

12.2 国内外快递整体情况比较

国外有许多知名的承担国际快递服务的公司，像 DHL、TNT、FedEx 等。这些公司经过长久发展已经非常成熟，在全球绝大部分地区都建立了网点，形成了遍布全球的物流体系。而且这些公司都有自己比较成熟的运营地区，也拥有比较稳定的客户资源，这些都是不可撼动的优势。

国内快递公司成立和经营时间较短，跨国业务也是近几年刚刚起步的，和知名国际快递公司比还存在许多不足，不过对跨境电商而言，这些新的公司也给他们带来了新的机遇。至于机遇是什么，国外快递和国内快递的具体情况，依然要在接下来的几个小节里进行具体阐述。

12.2.1 国外快递：速度快，服务优质，价格昂贵

因为篇幅原因，这里讨论国外快递的特征时不可能事无巨细，只好就其大致特征给出一般性描绘。下面就借几个在国际上比较知名的国外快递公司的介绍，来大致了解国外快递的发展情况。

首先谈谈美国的快递公司。

在美国，发展较好的快递公司有 FedEx 和 UPS。FedEx 又称美国联邦快递，成立于 1917 年，总部在美国田纳西州孟菲斯。经过 100 年的发展，FedEx 已在 220 个国家和地区设立了分支机构，拥有接近 140 000 名员工，41 000 辆专用货车和近 700 架飞机，每个工作日经手 320 万件包裹和超过 600 万磅重的货物。

该公司在美洲和亚太地区占据着很大优势，在高时效和优质服务下，价格也是让许多人望而却步的。

UPS 又称联合快递，前身是 1907 年在美国西雅图成立的一家信差公司，最初的主营业务是传递信件和为零售店运送包裹。UPS 成立初期，以"最好的服务、最低的价格"作为公司运营的准则，很快在整个美国西岸发展起来，到 20 世纪 30 年代已经颇具规模。经历 100 余年的发展，其在全球拥有超过 40 万的雇员，其国际快递和空运都有良好的口碑。

在欧洲，最知名的快递公司就是德国的 DHL 和荷兰的 TNT。

DHL 于 1969 年成立，总部设在比利时。尽管成立时间晚，但经营业绩毫不逊色，目前已在 220 个国家和地区设有网点，拥有近 300 架飞机和 2 万辆车。飞机的架次已经表明其服务范围主要不在欧洲，在日本、澳洲和非洲等地区，DHL 凭借优质的服务和清关能力以及比较优惠的价格，具有很强的市场号召力。

TNT 成立于 1946 年，总部设在荷兰的阿姆斯特丹，是一家顶级的快递与物流公司。和前面几家快递公司不同，TNT 提供包括邮运、快递和物流在内的多种服务。目前，该公司已经在超过 200 个国家和地区建立经营网点，拥有超过 14 万员工，50 架飞机和 2 万部车。TNT 在欧洲、中东和西亚有着绝对优势，而且在欧洲的清关能力要远胜过上面提及的几家公司，当然，在价格方面也高出许多。

国外的快递公司经营国际业务要远远早于中国，有着较为完备的体系，在设备和人员上也更有优势，自然在时效和服务上都有着很高的质量。同时，这些快递公司在多年发展中已经形成了特定的客户群，在特定地区拥有了品牌效应，价格自然比一般快递公司高。

12.2.2 国内快递的跨国业务：速度一般，费用较低，经验不足

近几年，由于跨境电商的迅速发展，国内快递公司纷纷"下海"，在

国内业务如火如荼之时，跨国业务也取得了长足进步。

国内快递公司的跨国业务始于 2013 年 9 月，顺丰在美国转运市场布局，随后，国内主要快递公司纷纷将业务向国外推进。在不到一年时间里，邮政、顺丰、圆通、韵达、中通、申通和百世这些国内快递支柱公司便完成了向海外拓展的初步布局。这里就以顺丰为例，看看和国外快递公司比起来，国内快递公司的现状和特征。

到目前为止，经过近 6 年发展，顺丰国际快递服务已经覆盖了诸如欧盟、美日韩、东盟等 50 多个国家，尤其是在南亚，覆盖网络已经超过 90%。现在对于顺丰而言，提升市场占有率是一项非常重要的任务。

相比 TNT、DHL、UPS 等这样已经很成熟、市场份额较大、服务体系比较完备的公司而言，顺丰的费用更便宜。此外，由于地理位置优势，在中亚地区、东南亚地区，顺丰的速度比欧美大快递公司要快。

不过相比那些成熟的国际快递公司巨头，顺丰还存在诸多劣势：运输工具数量上有明显劣势；在清关能力上，还没有发展出自己独立的目的地清关系统；在全球还没有形成发达的配送网络，比如货物空运到美国，一般到洛杉矶后只能交给 UPS 处理；也没有自己的服务系统，产品出现问题，问题件只能返回国内处理等。

顺丰是国内发展较成熟的快递公司，也是诸多快递公司中最先迈入国际市场的，它现在呈现的状态、特征和问题，也反映了诸如中通、申通、圆通、韵达等刚开展国际业务不久的国内快递公司在这方面的表征。

12.2.3　省钱又快捷：不同国家选择不同的快递

跨境电商在选择快递公司时，要想节省费用又保证时效，就要根据目标市场的不同，有针对性地选择快递公司，不能因为在某一国或地区因为与某一快递公司合作比较成功，在拓展其他国家和地区时依然固执地选择这家快递公司。

以欧洲为例，欧洲国家发商业快递 DHL 和 TNT 是比较好的选择，因为这两家快递公司是欧洲本土邮政旗下的国际快递公司，清关能力强。虽说 TNT 已被 FedEx 收购，但之前的物流体系大部分得到了延续。在欧洲，轻货走 DHL 在价格上有优势，重货则选择 TNT 和 FedEx 比较明智。同时，FedEx 收购 TNT 后，在欧洲也有了不错的优势。

另外，具体到某个国家，在快递选择上也有细微的差异。比如在法国、西班牙等西欧国家，不适合发邮政小包。一方面由于当地派送的物流信息更新不完全，买家很可能收不到货，从而导致纠纷；另一方面这些地区的人对物流的时效性要求较高，邮政小包尽管有价格优势，但在这方面却不能满足需求。

而对于像荷兰、丹麦、比利时、挪威、意大利等这些欧盟国家，往往采用欧盟的征税标准，如果包裹价格在 22 欧元以上，则要征税，低申报容易被查到，所以使用商业快递申报时要格外注意。其中，荷兰对纺织品查得相对严，选择 EMS 的安全系数较高。

至于东欧国家，像捷克、斯洛伐克、波兰、爱沙尼亚、保加利亚、罗马尼亚、匈牙利、立陶宛，则选择 DHL 和专线物流比较好。德国比较特别，也适合走 DHL，因为其海关检验比较严格，EMS 邮件常会在这一环节被退回，而 DHL 清关能力较强，同时又是德国邮政旗下的国际快递公司。

像希腊、土耳其这样有过辉煌历史而今衰落的国家，海关问题较多，而且税额较高，所以买家或卖家在没有清关代理的情况下，EMS 和邮政小包比较合适。另外，因为专线物流是由物流服务商的清关代理负责清关，所以专线物流在这些地方也比较合适。

最后就是乌克兰、白俄罗斯、俄罗斯，这些国家清关一般都比较麻烦，像 DHL 和 FedEx 等商业快递，经常每件都会被查到，清关过程很艰难。相对地，邮政小包和 EMS 就比较方便，所以在这些国家这两种快递方式是比较好的选择。另外，走专线物流也是相对较好的选择。

因为篇幅的缘故，这里仅以欧洲诸国为例，其他地区不予介绍。

12.3 邮政小包：当前的主要物流方式

邮政是各种物流模式中发展历史最为悠久的一种，现代邮政经过长足发展，已经形成全球投递和派送网络，在规模和竞争力上都有着突出的优势。

在跨境电商领域，邮政一般都用于小包的邮寄，因为其速度快、价格便宜、全球网络密布，不过小包也存在一些缺点，诸如包裹体量上的限制等。另外，不同国家和地区的邮政小包之间也存在差异，目前各个国家对于邮政小包的政策也出现收紧趋势。这些方面的具体情形如何，在接下来的章节中还会展开论述。

12.3.1 邮政小包的优缺点

在跨境电商的物流方式中，邮政小包的优势和缺点如图 12-3 所示。

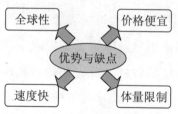

图 12-3 邮政小包的优势与缺点

第一，对邮政小包而言，第一大优势就是全球性。邮政经历了较长时间的发展，目前在全球绝大多数国家和地区都有代理点，在市场占有率上遥遥领先，只要有邮局的地方都可以寄到。对跨境电商而言，商品在世界范围内流动，需要邮政这样遍布世界的网络体系提供流通支撑。

第二，速度快。邮政小包走的是航空专线，速度较陆运和海运更快，尤其是有些邮政针对特定地区有速度优势，比如德国、瑞典的邮政寄欧洲各国，马来的寄东南亚诸国等。

第三，价格便宜。邮政小包的价格优势尤其体现在中国邮政航空小包上。比起 DHL、UPS、TNT 等，中国邮政小包不但基础价格低，而且在计算最终价格时还有各地的货代折扣。

当然，邮政小包也有不少劣势，其中最重要的就是在运输货物的体积重量限制上。邮政小包，顾名思义，即运送质量较轻、体积较小的商品，比如中国邮政小包商品重量限制在 2 公斤以内。而在跨境电商的交易产品中，货物经常会超过 2 公斤，这就局限了邮政小包的服务范围。

12.3.2　小包送货哪家好

上面已经比较了邮政小包整体上的优势和劣势，下面就具体分析全球范围内主要邮政小包之间的对比。

首先是中国邮政小包，这在上面已经提到过。中国邮政经历了长时间发展，资历老，市场占有率高，有遍布全球的运输网络，除极少数国家外，都能寄到。此外就是它的价格优势。比起中国香港和欧洲等一些邮政小包，中国邮政小包的费用低了许多。而且无须经过中国香港中转，速度较快。最后，缴纳 8 元的挂号费，即可查询包裹状态。

其次是中国香港邮政小包。中国香港邮政小包是最早运用到跨境电商中的，资历最老，综合优势较好。首先在价格和挂号费上，尽管比中国邮政小包贵，但也相对较低。另外，在时效性上，尽管需要经中国香港中转，但总体时效性上依然不差。最后，丢包的概率低，因物流导致的售后服务问题也较少，客户体验较好，服务环节质量较高。

再次是新加坡邮政小包。新加坡邮政小包是三大邮政小包之一，其最大的优势是"带电小包"。诸如中国邮政和中国香港邮政都限制带电产品，那么对跨境电商中的 3C 产品而言，新加坡邮政小包就有了独一无二的优势。另外，对目标市场是东南亚的商家而言，新加坡邮政小包在价格、时效性和服务上具有很大的优势。

最后就是以德国等为代表的欧洲国家的邮政小包。从速度上来看，德国的 DHL 运送到英法德只需要 5 ～ 8 个工作日，瑞士小包最快也能做到 10 个工作日内送到。而且在部分路线上，欧洲国家的邮政小包支持带电产品，同时对本土承运而言，有清关上的优势。对目标市场在欧洲的商家而言，这类邮政小包是很好的选择。

12.4 专线物流模式：直达的物流模式

除邮政小包之外，专线物流也是跨境电商中一种常见的物流模式。这种物流模式相比于邮政或其他提供物流服务的快递公司，在主体规模上要小很多，很容易搭建起一条物流专线。这样的物流专线是如何搭建起来的，它的运作流程如何，相较于其他物流模式的优点在哪里，它又有哪些劣势，这些问题将在下面的两个小节中进行简单阐述。

12.4.1 专线物流的优缺点

专线物流，指的是物流公司用自己的运输工具（一般有货车、飞机等）将货物运送到专线目的地，是一种点对点的物流模式，常常又被称作物流专线。一般对国内物流而言，较少的物力人力就可以支撑起一条物流专线，进入门槛低，但往往存在一定风险。至于跨境物流，也存在这种风险。

和一般物流模式相比，专线物流的优点首先是价格低，因为专线的设置目的就是降低成本，往往出发时间不确定，货满才发送。这样，在选择一条合理的运输路线之后，就能有效降低成本。另外，尽管发货时间不确定，但专线物流的路线一般都接近直线距离，而且所到区域网点多，能保证货物在确定时间到达目的地，时效性较好。

同样地，与一般物流模式相比，专线物流也存在着风险。开篇已经提到过，较少的人力和物力就能支撑起一条物流专线，较低的门槛会影响物流的专业度，运输中存在的风险性较高。此外，专线物流为了节约成本需要有充足的货源，一旦货源不充足，那么非但不能节约成本，还会给物流公司带来损失。

最后，尽管国内物流方面，专线物流能够根据最近原则规划路线，节约时间按时到达，但在跨境物流中，由于距离较远，有时也难免出现不能按时到达的情况，时效性上存在问题。

12.4.2　专线物流流程

一般的物流流程可以用三个步骤概括，即接单、配送、签收，专线物流也不例外。

首先就是接单，即物流配送中心接到客户订单，根据库存情况作相应车辆、人员的分配。然后根据这些因素，选择专人负责货物的调配处理，可以是自动化的，也可以是人工的配货方式，以便更高效地利用物流公司手头的资源。

随后就是根据系统安排结果结合实际情况对已经作出的安排进行人工调整，调整完毕后，系统会依据货物存放地点以物流公司自己设定的优化原则为准进行拣货清单的打印。接下去承运人依靠这张拣货清单到仓库提货，同时仓库作相应的出库处理。之后就是装车，依据送发的客户数打印相关的送货单。

最后就是对于货物运输的监测。这一环节可以通过 GPS 车辆系统随时监控，也可以和司机随时保持联系沟通。在货物到达目的地后，经过接受货物一方人员确认后，凭借回执单返回物流配送中心进行确认。

第 13 章

进口：产品安全运进

商品不仅需要卖出去，还要可以买进来。要想高效、便利地购买到商品，需要对跨境电商模式、进口清关等内容作以了解与掌握。

13.1 跨境进口的两大驱动力

　　跨境进口拥有两个重要的驱动力，即越来越强烈的市场需求、逐渐释放的政策红利。随着市场经济的不断发展，国内市场消费升级，市场越发趋于稳定、成熟。与不断增长的市场相伴的是不断增长的消费需求，人们的消费开始追求个性化，所需商品种类也在不断丰富，为满足国内巨大的市场需求，跨境进口商品悄然上架，成为满足国内市场需求的渠道之一。

13.1.1 越来越强烈的需求

　　随着市场经济的不断发展，我国消费升级势在必行。像近两年的电商促销，除展现国内消费者的购物热情以外，也展现了近年来我国的消费升级趋势，人们对进口商品的需求与日俱增。

　　更优质的商品受到了消费者青睐，价格不再占据消费者购物活动的主宰地位，人们更倾向于品质、工艺、美观、优质等高附加值的商品。在进口方面，近两年网易考拉海购的全球工厂店，最受消费者欢迎的商品是无线吸尘器、电动牙刷、家用射频美容仪等。而在天猫，牛排、大闸蟹等高档食材也开始热销。

　　同时，进口的个性化商品的消费开始成为消费主流，一大批有特色、个性化的商品迎来了销售的爆发。随着淘宝网出现的全网大促活动出现了几十万商家，个性化成为销售主打，像大码连衣裙销量大涨了 30 倍、设计师定制手表增长超 15 倍、宠物等周边消费增长近 300%、乐高模型玩具增长超130%，即使是像表情包定制周边这样的小众特色商品，也同比增长420%。

在服装方面，设计师品牌和潮牌成为现代人追逐的流行热门，西班牙品牌 ZARA 只用了 1 分钟就完成去年 6 月 18 日的全天销售业绩。

消费升级下，消费者除会选择高性价比商品外，更愿意为自然、优质、健康的商品去支付溢价。伴随近两年的经济发展，各国商品不断涌入，国内商品不断丰富。国民更看重生活品质，这样的转变使得国内市场拥有了更为广阔的市场。

13.1.2　逐渐释放的政策红利

全球范围内，在各国贸易保护主义抬头、逆全球化浪潮不断掀起的情况下，近年我国却走向了与之相反的道路，持续降低消费品的进口关税，在跨境进口方面不断释放政策红利。这不仅表明我国想要扩大进口贸易、促进境外消费回流、重视消费升级需求，以及让进口促进供给侧改革的决心，也展现了我国坚持全球化、坚持改革开放的态度。

降低税率一方面有助于扩大中国从其他国家的进口，特别是能更好地帮助其他发展中国家，共同分享国内巨大的消费市场和不断快速发展的市场红利；另一方面也为中国消费者提供更多的消费选择。

国内很多城市都开始以跨境电商为切入口，对仓储、物流等方面的流程进行简化、精简，并开始设立通关一体化、共享基础信息等配套政策，以此推动国际贸易自由化、便捷化，鼓励电商企业快速设立海外仓和布局营销的全球网络，以创造出跨境电商知名品牌，不断多元化地开拓市场。

我国跨境电商的迅猛发展，尤其是跨境电商综合试验区不断扩张建设，在对跨境电商零售进口监管和服务创新方面积累的经验越来越多，这为我国调整消费品进口税率提供了向更远处探索的信心和坚实的经验基础。

这样的举措推动了供给侧改革，并给了相关产业升级改变的机会，提供了更加优良的政策条件和市场基础。从这一方面来说，我国在进口方面

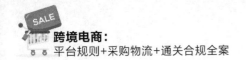

不断释放政策红利，对跨境进口领域发展提供了新的刺激。

 13.2 ## 进口跨境电商主流模式

随着国内电子商务快速发展，国内居民的电子商务消费习惯逐渐养成，在进口跨境电商平台领域，电商市场基本被瓜分，电商行业格局日趋稳定。

从进口跨境电商的交付层面看，主要可以分为保税备货模式、海外直邮模式和集货直邮模式三种，各跨境电商平台根据买家需求，结合平台自身优势进行了差异化改进，其中占据主流的模式分为以下四类。

13.2.1 海外直供模式：天猫国际、苏宁海外购

海外直供模式是典型的平台型 B2C 模式，通过跨境电商平台，直接将海外经销商与买家连接起来，减少了中间的代理和转销环节，如图 13-1 所示。

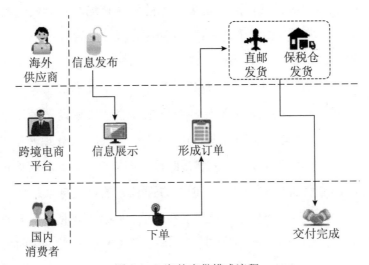

图 13-1　海外直供模式流程

跨境电商平台制定适合进口产品的交易规则和跨境交易消费流程，给买家打造良好的购物体验。跨境电商平台的主要盈利方式是卖家平台入驻费用和交易过程中的佣金。

海外直供模式与传统代购转销有根本的区别，因为海外直供模式是建立在买卖双方具有一定规模基础之上的，所以海外直供模式对平台本身的流量和平台自带的服务要求比较高。

海外直供模式对于卖家一般要求具有海外供应商资质和品牌授权，并且需要提供售出地的本地售后服务。该模式为买家提供了更多的海外商品选择，提供了全球化购物环境。

产品一般通过海外直邮方式送达到国内买家手中，对于品牌的把控和缩减供应链，是海外直供模式发展的主要方向。代表企业有天猫国际、苏宁海外购等。

13.2.2　海外优选模式：网易考拉、小红书

海外优选模式以 B2C 为主，电商平台会直接参与到货源组织、物流仓储及销售流程中。海外优选模式使得电商卖家能够更好地把控产品端和供应链，进行批量化的产品采购，如图 13-2 所示。

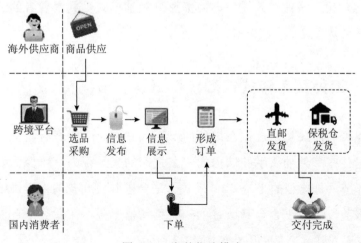

图 13-2　海外优选模式

电商卖家一般会使用保税备货方式，保证物流的时效性，使得买家的消费体验度更高。优选模式要求电商卖家要把控好市场消费需求，并且在选品的眼光方面有了更高要求，因为优品模式也限制了产品的丰富性，要求精而少。

电商卖家在采购中会被货物占用大量资金，所以实现产品销量提高、保证仓库货物不陈积、货物能快速流通是优选模式的方向。因此该模式通常会举办限时特卖或直邮闪购等促销活动，让产品快速流通，减轻供应链备货压力。

小红书是海外优选模式的电商平台，是带有社群属性的知名平台，小红书的创建起源于论坛社区，主要以社交型 C2C 及 B2C 为主。社群模式，即 UGC（用户生成内容）模式，通过用户间原创的海外购物经验分享，汇聚具有共同兴趣爱好的人群。

小红书这样的平台特点，一方面可以帮助用户解决该买什么的问题，并帮助用户在海量商品中精确选品；另一方面其基于社群功能，产生的用户行为数据和丰富产品信息资源，能为用户推送更适合自己的产品信息，提供快捷高效的购物体验，顺便帮用户解决产品的货源问题。

与其他进口跨境电商模式相比，社群模式具有用户黏着性强的特点，区别于其他综合型平台，由于其信息内容完全是社群中的用户自发产生，是以用户需求为发动机的一种新型进口跨境电商模式。随着带有社交属性的电商的兴起，这种红人经济、消费意见领袖模式受到消费者的追捧，代表企业有网易考拉、小红书等。

13.2.3　海外买手模式：淘宝全球购、洋码头

海外买手模式是通过住在海外的买手入驻电商平台开店卖货，平台直接促成居住在海外的买手和国内的买家之间的交易行为，较少传统的中间零售商环节，是典型的平台 C2C 模式。平台盈利模式普遍为提供中途运输的物流服务，以及平台自身所带的一系列增值服务。在此类平台入驻，一般不会收取入驻、交易费用，如图 13-3 所示。

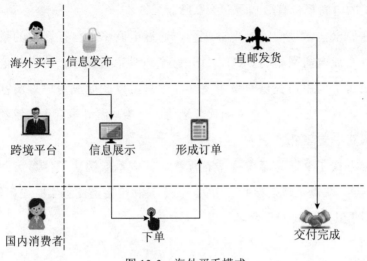

图 13-3　海外买手模式

海外买手模式在品类选择方面以长尾非标品为主，为买家提供个性化产品。由于买手模式所覆盖的行业和商品非常广泛，需要买手能预测和捕捉市场喜好，要求买手对海外市场的风向敏感度高。

买手模式要求产品迭代速度快，买家和卖家之间的黏着性要强，买家对买手的认同度要高。由于买手具有红人效应，相比其他模式，买手模式存在一定的价格优势，满足了买家在进口购物中的个性化、定制化、多样化消费需求。

产品交付普遍是以个人行邮为主，整个模式非常依赖买手，但容易产生品牌授权等法律风险问题，法律问题会限制买手模式的销售规模和制约买手店铺未来的发展。

一般情况下，买手模式在初期发展速度快，中期店铺发展放缓，受海关政策制约大，受海关政策影响大，该模式存在是否合规的问题，让买手模式合规合法成为该模式发展的关键。代表企业有淘宝全球购、洋码头等。

13.2.4　返利导购模式：海猫季、么么嗖

返利导购模式是最早的跨境电商模式，是一种强烈依靠技术的模式，

目前典型的电商平台有海猫季和么么嗖。

这些属于技术导向型的电商平台，通过电商平台自行开发的系统自动抓取海外主流电商网站的 SKU，并进行全自动语言翻译，将产品信息转换成本国语言，为用户提供海量中文产品信息，以此促成用户购买行为的发生。还有一种方式是中文官网的代理运营，直接与海外电商平台签约合作，代为运营其中文官网。

这种方式在早期跨境电商中有优势，其成本低解决了信息流问题，方便用户搜索，缺点是缺乏核心竞争力。由于库存价格不能够实时更新等问题，现今落后于其他模式的平台。

13.3　进口清关的三种模式

进口清关有三种模式，分别是快件清关、集货清关和备货清关。下面从模式的优缺点入手进行分析，并提炼出每种模式适合的卖家情况，以便卖家能作出更好的选择。

13.3.1　快件清关：无须提前备货

在收到电商平台订单后，跨境电商卖家通过国际物流方式，将产品直接从境外邮寄到买家手里。其中无海关单据。

优点：对于跨境卖家来说更加自主灵活，收到订单时才需要发货，跨境电商卖家不需要提前备货，没有库存积压烦恼，没有仓储费用压力。

缺点：由于在长途跨境物流运输过程中，产品会与大量其他邮件混在一起运输，快递公司不给运输货品进行分类，所以物流的通关效率很低，并且在货物量大的时候，物流成本会迅速上升。另外，由于快递的运送时间长，所以买家对物流的服务满意度低。

快件清关这种进口清关模式适合平时订单量较少，没有大数额订单的电商卖家。

13.3.2　集货清关：先有订单再发货

电商卖家将多个已售出商品聚在一起，统一打包，通过国际快递公司配送至国内保税仓库，电商卖家需要为每件产品办理好海关的通关手续，然后经过海关查验放行后，由电商卖家委托国内物流公司将产品派送到买家手中。每个订单都要附有海关单据。

优点：集货清关相对其他清关模式来说比较灵活，卖家不需要提前备货，只需要积累到一定量的订单，然后将货物批量捆绑打包，相对于快件清关模式而言，物流通关效率较高，整体物流成本有所降低。

缺点：由于是在海外发货，需要在海外打包，人工成本高，并且从海外发货，中途的物流时间较长。

集货清关这种进口清关模式适合处于订单量迅速增长阶段的卖家，需要卖家每周都能收到多笔订单。

13.3.3　备货清关：先备货再有订单

跨境电商卖家将境外产品批量备好货，然后送至海关监管下的保税仓库，在买家下单后，电商卖家根据订单要求为每件产品办理好海关的通关手续，然后在保税仓库完成产品打包、贴面单等工作，再经海关查验放行后，由电商卖家委托国内物流公司，将产品派送至买家手中。每个订单都会附有海关单据。

优点：由于卖家提前批量备好了货，再送至保税仓库，使得产品运输中途产生的国际快递费用最低，等收到买家订单后，再立刻从保税仓库安排人手发货，通关效率最高，中途运输花费时间最少，可及时响应买家的换货、退货等服务要求，物流时间短，买家的购物体验满意度高。

缺点：由于需要提前备货，所以要占用保税仓库，支付仓储费用，并且备货模式要占用卖家的流动资金，在产品销售量不稳定的情况下，储货风险大。

备货清关的进口清关模式适用于处在订单量大且稳定阶段的电商卖家。卖家可通过大批量订货或提前订货来降低采购成本，可逐步从空运过渡到海运以降低国际快递成本，或者采用质押监管融资的方式，解决由于备货需要而占用资金的问题。

13.4 实现进口通关的便利化

为帮助跨境电商卖家在进口通关过程中少走弯路，下面将从海关及进口查验、检验检疫及正面清单、计算行邮税、跨境进口税分析入手，帮助跨境电商卖家了解通关过程。

13.4.1 海关及进口查验

海关查验项目是通过检查实际货物与报关单证来核对申报环节所申报信息与查证的单子和货物信息是否匹配，在实际查验过程中可以发现，申报审单环节没有发现的问题，如伪报、瞒报、申报不实等。在查验过程中，可以验证申报审单环节中可能存在的问题。

海关查验流程如下所述。

（1）在满足查验条件后，海关部门发出查验通知单，通知跨境卖家或代理人到场。

（2）海关部门会事先安排好查验计划，由现场相关海关查验人员安排好具体查验时间，一般当天安排第二天的查验计划。

（3）海关在查验货物时，跨境卖家或代理人员或其授权报关员应当到场并协助搬移货品，开拆并且重封货物包装。如海关人员认为有细检必要，可以自行对货品开验、复验甚至提取货样进行检查。

（4）查验结束后，由随行陪同人员在查验记录单上签字、确认。

海关查验方式如下：

①机检查验。这是最常见的查验办法，利用机器扫描技术检查货物，能够查出大部分违规品、违禁品，海关人员能够通过机器了解箱内实际状况，将箱内情况自动与进口报关核对，如核对结果无差异，进入货品征税环节。

②人工查验。为了出入海关的货品的合规性，海关会对一定比例的货物进行随机的人工查验。海关人员会对货品进行外形查验，对货品外部特征或易于判断属性的货品进行包装、唛头的检验核对。

在人工检验环节，海关人员会随机开箱抽查货品，拆开货品包装，对箱内实际情况按单验核。有时海关人员也会逐件拆开包装，进行彻底的检验核对。

在海关查验完货品后，海关人员会填写一份验货记录。除需跨境卖家或代理人缴税外，货品自查验完毕4小时内要办理好通关手续。对需要征税费的货品，自接受跨境卖家或代理人申报1日内，开出税单，如果对税价有疑问，会进入审价环节。

13.4.2　检验检疫及正面清单

对进口商品进行检验检疫，是跨境电商生态链中的重要一环，检验检疫部门针对跨境进口商品的监管政策对跨境电商卖家影响非常大。

对于入境产品来说，在电商平台上销售的产品，不仅要申报品名清单、产品相对应的编码和产品规格型号，还要出具第三方检测机构给出的质量安全评估报告与符合性申明报告，以及给消费者的产品告知书。

跨境电商卖家需要在电商平台上用中文告知买家相关产品的详细信息，至少包括产品名称、品牌、净含量和规格、配方或配料表、原产国（地区）、是否为转基因产品、生产日期、贮存条件、使用方法、投诉电话等，对于产品有适用人群的要求，要在产品上醒目地标出。

财政部公告曾指出，为避免工业、化工等原材料产品通过跨境电子商务进口零售渠道进入我国，扰乱国内正常交易秩序，对跨境电商零售进口税收政策实施清单管理。

清单是对跨境电商的进口试点情况，根据相关管理部门意见给予统一规范。清单里包括 1 142 个 8 位税号商品，主要是满足国内对部分商品的消费需求，也满足相关部门监管要求，且在物流上能够以邮件等方式运送进境的生活消费品，比如家用电器、食品饮料、儿童玩具、服装鞋帽、部分化妆品等。

清单中有的产品可以不向海关部门提交许可证等文件，检验检疫监督管理部门会按照国家相关法律法规来执行规定。直购进口的产品可以免于验核通关单。

对于已经列在正面清单的产品而言，过去一些在法律上模糊不清的产品可以合规地做跨境电商了，这样的变化可能会带给垂直行业的跨境进口好的方向。

对于未列入清单的产品，像生鲜产品，则需要转变方向，寻找新的跨境通关方式。

13.4.3　如何计算行邮税

行邮税就是对个人通关时携带的行李或邮递物品的进口税，它是关税、进口环节的增值税及消费税三合一的综合税种。

行邮税针对个人携带物品，而非大宗货品，行邮税的税率普遍低于同类型进口货物的税率。根据海关相关条例规定，对超过海关总署规定数额的物品会征加费用。具体是指个人邮递物品、旅客行李物品以及其他个人自用物品。买家个人去海外购物和使用跨境电商平台购买的直邮产品均适用于行邮税。

目前，海关对进口货物实施普通的贸易监管模式，为鼓励跨境电商发展，海关部门对跨境电商零售的税费放得比较宽松，对进口监管下达了过渡期政策并多次延期。

近些年海关部门降低了对个人携带进境邮递物品征收的行邮税的税率。国务院关税委员会宣布，自2018年4月9日起，调整进境物品行邮税，对进境物品征加的进口税率由15%、25%和60%调整为13%、20%和50%，其中对食品、药品、电器等商品进行了不同程度的税率调降，普遍降幅在2%～10%，以此扩大进口和促进消费。

行邮税的税率降低，意味着将海外商品带到海关过境时需要支付的税费减少了。以申报600元的产品为例，税率从25%下调到20%，则税费从150元下调到120元，少了30元；税率从15%下调到13%，则税费从90元下调到78元，少了12元。

13.4.4　跨境进口税解析

2019年年初我国开始实施新的跨境电商进口税收政策，海关总署配合相关政策内容，将税收政策落地实施。其内容主要是，提高跨境电商进口购买限额，扩大产品范围，以更好地满足人们的消费需求。下面将从交易限额的提高和产品范围的扩大两方面进行跨境进口税解析。

1. 交易限额提高

（1）单次购买的交易限额提升。买家通过跨境电商的进口渠道采购产品时，单次采购限额从原来的2 000元提升到5 000元。在5 000元的采购限额范围内，可以持有税收优惠，即关税税率为零。这样的限额提升降低了买家最终购买产品的价格，促使产品销量的提高。在进口环节方面，征收消费税和增值税，要按照法律规定的应纳税额的70%执行。

（2）以年为单位购买的限额提升。跨境电商中的进口税收内容，将每年的累计购买额度从2万元提高至2.6万元。从最终的买家购买价格来看，以年为单位购买限额的提升，降低了产品单价，促使电商卖家产品的销售量提高。

（3）单次购买的产品价值超 5 000 元，且在年度限额以内。买家在跨境电商平台单次购买产品的完税价格如果超过规定限额 5 000 元，或是以年为单位的累计购买价值在 2.6 万元以内且仅为单件产品的情况下，会自动被加收相应税款，按照产品税率，全额征收关税与进口环节的消费税、增值税。

2. 产品范围的扩大

我国对跨境电商进口产品清单进行调整，将近些年来消费需求集中的产品划入清单之中，增加了滑雪靴、剃须刀刀头、果味汽酒、麦芽酿造的啤酒、望远镜、游戏机等 62 种产品，调整后的清单一共为 1 321 个 8 位税目。

第 14 章

出口：产品安全输出

　　跨境电商卖家如何将产品合法合规地出口到境外，安全送达国外买家手中是一门学问。下面从出口跨境电商主流模式、跨境出口流程、出口退税详解、出口市场风险管理四个方面，解决电商卖家在出口过程中常遇到的问题。

14.1 出口跨境电商主流模式

出口跨境电商有两种主流模式，一种是 B2B 模式，其代表平台有阿里巴巴国际站和敦煌网；另一种是 B2C 模式，其代表平台有兰亭集势、跨境通。

14.1.1 B2B 模式：阿里巴巴国际站、敦煌网

阿里巴巴国际站和敦煌网都是知名的 B2B 模式平台，下面将用对比的形式对这两个平台进行分析，以便电商卖家选出更适合自身情况的平台。

阿里巴巴国际站服务的是能实现大额批发的大中型卖家，而敦煌网服务的是小额的中小型卖家。阿里巴巴的买家主要是大数额的批发商，而敦煌网的买家普遍是终端国外买家和小额批发商。

1. 在服务方面

（1）阿里巴巴国际站是为跨境电商卖家提供电商信息内容展示的平台。对比敦煌网，阿里巴巴国际站更多的是以电商信息展示为主，是为电商卖家提供电商活动的电商信息服务，会向卖家收取展示费用。

（2）敦煌网侧重于提供交易服务，促成卖家交易成功，平台的盈利模式是卖家完成交易后的佣金提成。只有当卖家完成产品交易，敦煌网才会收取一定的佣金。对于中小卖家来说，降低了投资成本和投资风险。

2. 在收费方面

阿里巴巴国际站有平台门槛，会向电商卖家收取会员费用；敦煌网没有平台门槛，没有向电商卖家收取会员费用，并且支持免费传样品照片功能，但会在交易完成后收取一定佣金，佣金会加在产品价格上，由买家付款承担这部分佣金费用。阿里巴巴国际站的收费模式，更适合资金实力雄厚的大卖家，敦煌网的收费模式，更适合处于初期发展阶段的中小卖家。

14.1.2　B2C 模式：兰亭集势、跨境通

兰亭集序和跨境通是采用 B2C 模式的巨头电商平台。两个平台在市场上的立足点不同。

兰亭集势主要是集合国内跨境电商卖家作为供货商，向其他国家市场提供长尾式采购模式。主打低价策略，运用价格优势来吸引消费者。兰亭集序主要是用平台自产内容来吸引消费者，更多的是通过搜索引擎来获得用户流量，对其他搜素网站的依赖度高。

跨境通相较于兰亭集序，主打产品的品牌化战略，以平台品牌产品的低价、保真来吸引消费者，用平台自产价值来获取用户流量，并且跨境通要求合作的跨境电商卖家要经过海关备案，以确保平台展出产品的品牌真实性，避免了买家买到假货的风险，并且对已出售的产品有服务保障。

14.2　跨境出口的流程

跨境出口流程繁杂，需要跨境电商买家来处理。下面将具体流程拆分为五个步骤，分别是事前备案、准备单证和文件、查验文件和货物、缴纳关税、货物放行，通过对每个步骤的细致讲解，帮助卖家少走弯路，轻松完成跨

境出口。

14.2.1　事前备案

出口申报即为出口商在规定时间、地点，采用诸如电子报关单或纸质报关单等形式，向海关报告出口货物实际情况，并接受海关检验审核。

业务员在进行出口申报时首先要备齐出口货物，且要做到看货取样，确保出口货物的名称、规格、型号等准确无误，便于顺利申报。

对于申报，业务员第一项要做的就是准备好申报单证，即报关单和随附单证。随附单证包括装箱单、装货单、商业发票、出口许可证、原产地证明、出口收汇核销单、商检证明、进出口货物征免税证明等。报关单必须真实、准确、完整、颜色不混淆，随附单证齐全、有效、合法，且报关单与随附单证数据必须一致。

第二项需要熟记的就是出口申报步骤。业务员应先进行电子数据申报，具体方式有终端申报方式、委托 EDI 方式、自行 EDI 方式、网上申报四种。业务员接到海关反馈的"接受申报"的报文以及"现场交单"或"放行交单"通知后，即表示电子申报成功。

在接到通知之日起 10 日内，业务员应拿着盖好章的打印版报关单以及相应附加单据，提交货物所在地海关并办理相关手续。

业务员在申报过程中，应格外注意申报地点、期限、日期以及滞报金问题。

（1）申报地点：出境地海关。

（2）期限：装货前 24 小时之内进行申报；如果是比较特殊的运输方式，例如电缆、管道等，应该按照海关方面规定的期限进行申报。

（3）日期：就是海关接受申报数据的日期。

（4）滞报金：如果出口公司没有在规定期限内申报，海关方面会征收一定金额的滞报金。通常是按日起征，具体金额是完税价格的 0.5‰，单位是元，不足一元的那一部分一般是免征的。

业务员在准备好单证、备齐出口货物，做好其他申报的相关准备后，还要了解海关的审核范围以及审核宽度，以做到查漏补缺。海关在接受申报以后，将严格审核有关单证，主要包括以下几方面的内容：

（1）判断出口公司及报关员是不是符合报关资格，相关证件是不是合法。

（2）报关期限是不是符合海关方面的具体规定，需不需要征收滞报金。

（3）货物的进出口有没有严格遵守我国的外贸法律法规。

（4）报关单是不是准确、完整、真实，随附单证是不是齐全、合法、有效。

（5）进出口货物是不是具备征、免税的条件。

古人云"知己知彼，百战不殆"。业务员自身做好充足的准备，再加上对海关的查验有充足的了解，报关的效率将会高很多。

14.2.2　准备单证和文件

需要准备的单证主要分为基础单证和特殊单证两部分。

（1）基本单证和文件：报关委托书、出口货物装货单（由船公司签发的）、商业发票（电商卖家签发的）、装箱单（电商卖家签发的）、仓单（仓库保管人签发的）、出口货物合同副本、出口商品检验证书等。

（2）特殊单证和文件：征免税证明、外汇核销单、进出口许可证件、担保文件、国家商务主管部门签发的批准文件、加工贸易手册、检验检疫部门签发的出入境货物通关单、原产地证明书等。

预备单证：进出口贸易合同、进出口电商卖家的有关证明文件。

注意：一般的进出口贸易货物填制报关单只需要基本单证就够了。

14.2.3　查验单证和货物

货物查验也叫海关查验，指的是在接受报关单位申报以后，海关依法核对和检查进出口货物，以确定货物相关情况和报关单上的内容是否一致。

这项工作的目的主要有两个，一是对申报单证进行复核，判断与查证单货是不是相同；二是保证关税依率计征，维护海关征税庄严。

海关查验具体内容主要包括以下几项：进出口货物相关信息，例如名称、规格、质量、包装、重量、唛头等；产品生产国家；进行贸易的国家。

海关在查验货物的时候，通常是在口岸码头、邮局、火车站、机场等地点。如果是比较大宗的货品或者是危险品、生鲜产品，海关也可以在作业现场对货物进行查验。

海关查验分为两种，第一种是彻底查验，第二种是抽查；又或者是分为人工查验、设备查验两种。

一般情况下，海关会根据实际情况来选择查验方式。海关的查验流程，主要包括四个环节。

首先是海关确定要进行货物查验后，现场接单关员打印查验通知单交由报关员。

其次是海关根据人员与岗位安排查验时间，一般安排在第二天查验。

再次是在海关查验货物过程中，出口商的业务员或其授权报关员到场，并按照海关要求负责搬移货物、开拆和重封货物包装。在特殊情况下，海关可以径行开验、复验或取样。

最后是海关查验结束后，由陪同人员在查验记录单上签名、确认。

如果在货物查验过程中海关造成了货物损坏，业务员有权向负责查验的海关提出赔偿要求，不过需要办理相关手续。

我国海关的赔偿范围：仅限于实施查验过程中（之前和之后损坏，海关不赔偿），由于海关工作人员的责任造成被查验货物的直接经济损失，且以下情况海关不赔偿。

（1）在搬运货物或开封箱的时候，由于不小心致使货物损坏的。

（2）在海关正常工作时间内，那些易失效、易腐的货物自己失效、变质的。

（3）货物的正常磨损。

（4）在海关进行查验之前就已经损坏的货物。

（5）海关查验以后才损坏的货物。

（6）因为不可抗力造成的货物损坏。

在海关查验环节中，业务员或报关员也应当在场协助查验人员工作，随时答复海关人员的疑问，提供海关要求的相关单证，配合海关的查验活动。同时，在查验人员发现货物出现问题时，报关员应该积极配合海关进行调查。

14.2.4　缴纳关税

根据国家关税政策和相关法律规定，海关有权对一些进出口货物征收关税，这是一种流转税。关税有三个非常显著的特点：无偿性、强制性、预定性。

我国海关法规定，进出口货物的收发货人，进出境商品的所有人，即为关税的纳税义务人。同时还规定，有权经营进出口业务的企业和海关准予注册的报关企业也是法定纳税义务人。

我国海关征收出口关税的目的就是对某些商品的过度、无序出口进行调控，避免自己国家的重要资源和原材料发生无序出口，有利于保护国家经济，管理对外贸易。

目前我国征收的出口关税有从价税和从量税两种，业务员应对缴纳关税的税额与种类及计算方法有一个基本了解，以提高通关效率。

1. 从价税

按照进出口货物价格来计算税款的关税就是从价税，这里所说的价格不是货物的成交价格，而是完税价格。

$$应征出口关税税额 = 出口货物完税价格 \times 出口关税税率$$

$$出口货物完税价格 = 船上交货价 - 出口关税$$

$$出口货物完税价格 = 船上交货价 \div （1 + 出口关税税率）$$

2. 从量税

按照进出口货物的计量单位来计算税款的关税就是从量税。这种关税计算比较简单,税额不会随着商品价格变化而变化。

$$应征出口关税税额 = 货物数量 \times 单位税额$$

我国海关规定:纳税义务人应在海关作出征收决定后的7日内缴纳税款,其中法定节假日和周末不计入天数。一旦纳税义务人逾期未缴税,即构成了关税滞纳,海关将对纳税义务人征收滞纳金。具体金额要根据滞纳天数来决定,计算公式如下:

$$关税滞纳金金额 = 滞纳关税税额 \times 滞纳金征收比率 \times 滞纳天数$$

关税的缴纳不但关系着出口货物能否有效通关、公司业务能否顺利成交,同时还是保护国内经济、稳定市场、增加财政收入的有力手段。因此,业务员应在关税缴纳期内及时纳税,避免出现被征收滞纳金的情况。

14.2.5　货物放行

办结进出口货物海关手续就是结关,结关以后,海关就不再对货物进行监管。通常情况下,结关是针对部分出口货物而言的,还有一些货物在海关放行后,还要继续接受监管,例如保税货物、暂准进出口货物、减免税货物等。

在海关进行监管的过程中,结关放行是最后一个环节,这个环节的工作重点就是对上述几个环节的工作进行再次审核,审核内容具体包括以下几点:

(1)出口货物的通关程序是不是完全合法。

(2)报关单和随附单据是不是齐全、准确、有效。

(3)货物查验记录和批注是不是符合规范、准确。

(4)出口货物税款是不是已经缴纳清楚。

(5)监管货物的登记以及备案记录是不是完整、合规。

(6)是不是存在某些违规行为(主要指走私)还没有进行处罚。

上面的复核工作结束以后,海关就可以放行出口货物,具体程序如下:

1.海关在进出境现场进行货物放行，完成货物结关

（1）海关在进出境现场进行货物放行：海关不再对进出口货物进行监管，批准货物离开海关，并在相关证件上加盖海关放行章。

（2）货物结关：办结进出口货物的海关手续，海关正式结束监管。

2.装运货物

业务员办理货物离境手续（一定要拿着盖有海关放行章的出口装货凭证），并向海关申请签发证明联（如果出口公司需要的话），比较常见的证明如图 14-1 所示。

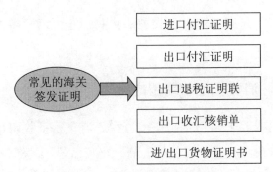

图 14-1　常见的海关签发证明

在结关放行这一阶段，业务员更要打起十分的精神。在单据准备、货物装卸、运货时间这些问题上要格外注意，只有按时、顺利通关，货物才能准时向目的港驶去。在货物装船完毕并发出后，业务员应按照结汇方式的不同，准备好相关账单、提单，力求按时、按量收回货款。

14.3　出口退税详解

这一节将从哪些情形可以出口退税、如何进行出口退税、出口退税的三种形式、出口退税货物应具备的条件四方面详解如何进行出口退税工作，

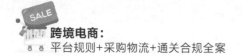
帮助电商卖家在出口退税过程中少走弯路。

14.3.1 哪些情形可以出口退税

出口退税是国家对出口货物实行的零税率政策，其具体实施方法是国家对出口货物退还或者免征其在国内生产和流通环节已经按国家税法缴纳的增值税和消费税。

出口退税可以保证我国的利益，防止出口货物被双重征税，这样一来，我国的货物在进入国际市场时，价格就会比较低，就可以增强我国产品在国际市场上的竞争力，扩大出口创汇。

一般情况下，只有以下几种类型的货物，才可以获得我国税务机关的出口退税。

1.增值税、消费税征收范围内货物

我国出口退税要求出口货物在增值税、消费税征收范围之内。该范围包括所有的增值税应税货物以及烟、酒、化妆品等11类列举征收消费税的消费品，但不含直接向农业生产者所收购的免税农产品。

我国的出口退（免）税政策具有"未征不退"的特点，而且只对已经征收过增值税以及消费税的出口货物退还其已纳税额或免征其应纳税额，未征收过增值税与消费税的出口货物则不能退税。

2.报关离境出口货物

出口货物一般具有两种方式，分别为自营出口和委托代理出口。货物想要办理出口退税，必须已经报关离境出口，这是国家政策以及税务机关对出口退税的硬性规定。

货物如果在国内销售而没有报关离境，无论出口商对其以外汇抑或人民币结算，即使是在财务上对其做了销售处理，也不能被视为出口货物办理出口退税（另有规定者除外）。

在境内经营以外汇结算的特殊货物，例如国际宾馆、饭店等，因为其经营过程在实质上并没有离境，所以也不能办理退（免）税。

3. 在财务上作出销售处理的货物

出口退税政策一般仅适用于贸易性出口货物，对于礼品、展品、样品、个人购买随身带离出境的商品（另有规定的除外）、邮寄品等非贸易性出口货物，因其在财务上普遍不作为销售处理，所以按照相关规定也无法办理出口退（免）税。

4. 已收汇并经核销货物

依据我国相关规定，只有已经收汇而且经过外汇部门核销的出口货物，才能申请办理出口退（免）税。

国家规定外贸公司出口的货物必须是以上四种类型，才可以有退（免）税的资格。如果是生产公司（有进出口经营权的生产公司、外商投资的生产公司、委托外贸公司代理出口的生产公司）申请办理货物退（免）税的话，那就还要多加上一条，即货物必须是生产公司自己生产的，或者是可以看作自己生产的，才可以申请退（免）税。

出口商想要获得出口货物的出口退税，则必须要按照国家税务机关相关规定，使得货物符合以上条件，才能办理出口退（免）税。

外贸业务员一定要牢牢记住以上货物类型。在缴纳货物税款的时候，如果货物符合上述类型，那就应该及时办理退（免）税手续，避免多缴税款，造成公司的损失。

14.3.2 如何进行出口退税

作为国民经济中的重要组成部分，国际贸易正在蓬勃发展，出口退税政策的重要意义也被越来越多出口公司所熟知。出口退税不仅可以促进国民经济健康发展，还可以促进对外贸易持续发展。另外，对我国的市场经济也具有非常重要的调节作用。

在我国的出口退税政策下,如果货物在国内已经缴纳了税款,那么税款就可以退给出口公司,这样一来,我国的产品就能以不含税的姿态进入国际市场,不仅增强了我国出口货物在国际市场的竞争力,还提高了出口公司的经济效益。

出口退税的办理是蕴含在货物出口全过程之中的,出口公司从货物出口开始直到取得退(免)税款一共要经历 10 个步骤,而且需要各个部门的操作(具体流程参见图 14-2),在这之中最需要注意的是退税登记、准备材料、税款计算三部分。

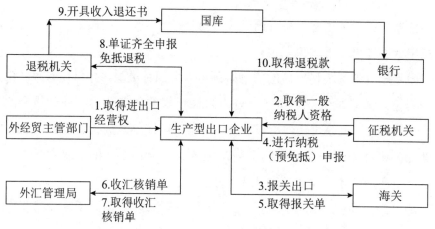

图 14-2　出口退税的详细流程

图 14-2 将出口退税流程清晰地展示了出来,外贸业务员一定要认真记住这张图中的每一个环节。

1. 办理出口企业退税登记

出口退税登记是我国对出口公司在具备出口经营权以后必须到税务机关办理书面登记的一项规定。它一般包括注册、变更、注销登记和年检,是我国所有出口企业办理出口退税必不可少的一个过程。

在办理对外贸易经营者备案登记或签订第一份委托出口协议之日起 30 天之内,出口公司应该准备好相关材料,到税务机关办理出口退(免)税资格认定。出口商只有具备了退税资格，才能进行退税登记。

出口商在办理出口退税登记之前，首先应该审视自身企业是否满足经营出口产品业务、持有工商行政管理部门所发营业执照、具有法人地位且实行独立经济核算三个基本条件，只有满足以上条件，才能合法登记并获得出口退（免）税。

一般情况下，退税登记分为以下三个环节。

（1）在相关文件检验完毕后领取出口退税登记表。

（2）领表之后按要求填写并加盖企业公章，与出口产品经营权、工商登记证明材料一起提交税务机关，税务机关审核无误即代表登记被受理。

（3）税务机关发放出口退税登记证。

2. 准备出口退税材料

出口退税是外贸环节中很重要的一环，所有出口商都应该对其有所重视，是否能够退（免）税在一定程度上决定着外贸业务的利益。办理出口退税涉及税务机关、海关、外经贸主管部门、外汇管理部门等诸多单位，所需要的单证比较繁杂，业务员在办理过程中应仔细准备材料，避免退税办理被延误。其所需材料为：

（1）报关单原件。

（2）出口货物发票原件。

（3）出口收汇核销单原件，也可以提供远期收汇备案证明。

（4）增值税专用发票原件。

（5）如果有代理业务，出口公司还需要提供代理出口货物证明以及代理协议原件。

（6）外贸企业进出口退税进货明细申报表、外贸企业出口退税出口明细申报表、外贸企业出口退税汇总申报表。

（7）出口退税申报软件中生成的电子数据。

（8）出口货物销售明细。

（9）需要的其他材料。

业务员在办理出口退税过程中要认真细致，按照规定顺序进行，即网上申领核销单；去外管局领取核销单；核销单备案；企业交单；网上核销；登录退税系统认证发票信息并录入退税申报数据且生成申报软盘；携带所需单证去国税局退税；对出口货物的退税单证进行备案。

业务员对于出口退税的办理条件、所需材料、申报流程以及注意事项都应熟知，这不但能够提升自身业务能力，更是展示自己价值的好机会。

3. 退税核算方法

退税的具体核算很重要，关系到外贸订单的收益。我国目前实行的退税方法大体分为两种：一为"免、抵、退税"；二为"先征后退"。两种方法分别适应不同的条件。

"免、抵、退税"一般适用于自身具有进出口经营权的生产企业自营出口的自产货物（也包括委托出口）的增值税。这种方法以出口货物的离岸价为计税依据，它的退税率与出口企业出口获得的退税率是一致的。

"免、抵、退税"对于出口商品的应退税款采取的并不是全额退税的办法，它对出口商品实行的是首先免征其出口环节的税款，再抵消内销货物应纳的税额，最后对其应纳税额不足以抵消应退税额的部分，根据生产企业出口销售额在其当季度全部货物销售额所占的比例来确定是否退税。

"免、抵、退税"计算公式为：当期出口货物不予免征抵扣和退税的税额＝当期出口货物的离岸价×外汇人民币牌价×（征税税率－退税率）－当期海关核销免税进口料件组成计税价格×（征税税率－退税率）。

"先征后退"一般比较适合本身不具备进出口经营权的生产企业委托出口的资产货物。"先征后退"采用的是对于手续齐全的出口货物在出口环节所照常征收的增值税和消费税给予退税的方法。其退税一般由主管出口退税的国税部门负责。

"先征后退"的计算分为征税的计算和退税的计算，其中征税的计算公式为：出口货物销项税额＝出口货物的离岸价×外汇人民币牌价×征税税率，当期应纳税额 = 内销货物的销项税额 + 出口货物的销项税额 − 进项税额；退税的计算公式为：应退税额 = 出口货物的离岸价 × 外汇人民币牌价 × 退税率。

在退免税过程中，同样的出口货物，采用不同退税方式后通常可以得到不同的结果。所以，大家在选择退税方式的时候，一定要谨慎考虑，选择对公司最有利的一种方式。

14.3.3　出口退税的三种形式

1. 免除销项税和退还进项税

一般电商卖家在出口货物中，有销项税和进项税额，如果把税负归零，一般情况下，是把销项税免除，并且把进项税额退还。

2. 免除销项税，但不退还进项税额

如果电商卖家出口的货物没有进项税额，那么一般是只免除了销项税，进项税没有就不用退了。像是免税产品、小规模纳税人，这些都是没有进项税额的情况。只免除销项税但不退还进项税额，达到将税负归零的结果。

3. 既不免除销项税，也不退还进项税额

这类形式主要是针对国家不鼓励出口，甚至是限制、禁止出口的货品。

14.3.4　出口退税货物应具备的条件

出口退税的重要性每个业务员应该已经了解清楚了，办理出口退税所需单据也必须做到正确、清晰、合法、有效。在办理过程中，单证保管也是需要业务员注意的，特别是出口货物增值税专用发票以及出口货物增值税税收专用缴款书，一旦遗失，无疑会对出口退税的办理造成极大麻烦。

1. 出口货物增值税专用发票遗失如何处理

增值税专用发票是在货物出口过程中所开具的证明货物已缴纳增值税的发票，同时它也是出口商办理出口退税必不可少的票据。业务员应妥善保管，如果不幸遗失，也要按照相关规定，早作处理，尽量避免对外贸业务造成大的影响。

针对办理出口退税的外贸企业丢失增值税专用发票的情况，我国国家税务总局早在 2006 年就出台《关于外贸企业丢失增值税专用发票抵扣联出口退税有关问题的通知》，对此种情况有了明确的解决办法，避免了外贸业务员在遇到诸如此类事故时出现两眼一抹黑的情况。

（1）外贸企业丢失已开具增值税专用发票发票联和抵扣联的，在增值税专用发票认证相符后，可凭增值税专用发票记账联复印件及销售方所在地主管税务机关出具的丢失增值税专用发票已报税证明单，经购买方主管税务机关审核同意后，向主管出口退税的税务机关申报出口退税。

（2）外贸企业丢失已开具增值税专用发票抵扣联的，在增值税专用发票认证相符后，可凭增值税专用发票复印件向主管出口退税的税务机关申报出口退税。

（3）对属于本通知第一、二条规定情形的，各地主管出口退税的税务机关必须加强出口退税审核，在增值税专用发票信息比对无误的情况下，按现行出口退税规定办理出口退税事宜。

业务员在办理出口退税过程中，首先还是尽量保证票据安全，争取顺利办理出口退税，如果不幸发生了票据遗失的情况，也要做到沉着冷静，及时按照以上规定，合法合理地办理出口退税。

2. 出口货物专用缴款书丢失如何处理

增值税税收专用缴款书与增值税专用发票一样重要，对于出口退税来说，税收专用缴款书同样是证明出口企业出口货物已缴纳应纳税额的有效证明。

我国国家税务总局在 2009 年发布《关于调整增值税扣税凭证抵扣期限

有关问题的通知》（以下简称《通知》）。《通知》的第二条和第四条对出口企业如果在办理出口退税时遗失出口货物增值税税收专用缴款书的情况有明确规定：

《通知》第二条规定，实行海关进口增值税专用缴款书（以下简称海关缴款书）"先比对后抵扣"管理办法的增值税一般纳税人取得 2010 年 1 月 1 日以后开具的海关缴款书，应在开具之日起 180 日内向主管税务机关报送海关完税凭证抵扣清单（包括纸质资料和电子数据），申请稽核比对。

《通知》第四条规定，增值税一般纳税人丢失海关缴款书，应在本通知第二条规定期限内，凭报关地海关出具的相关已完税证明，向主管税务机关提出抵扣申请。主管税务机关受理申请后，应当进行审核，并将纳税人提供的海关缴款书电子数据纳入稽核系统进行比对。稽核比对无误后，方可允许计算进项税额抵扣。

业务员对于国家税务总局在 2006 年和 2009 年所发布的两项《通知》应熟记其内容，一旦发生货物增值税专用发票和增值税税收专用缴款书不慎遗失的情况，要及时按照《通知》内容采取补救措施，力求保证企业正当利益。

14.4 出口市场风险管理

在出口市场中常常会遭遇风险，如何有效降低风险，把风险压到最低，是我们在出口市场中的首要任务，所以跨境电商卖家要注意知识产权侵犯、关税及 VAT、海关查验与扣货、电商诈骗，从这四个方面下手把控风险。

14.4.1 知识产权侵犯

近几年国内外海关都加强了对进出口货品的监管，大力查处侵犯知识产权行为，海关如若发现进出口货品有侵犯他人知识产权的嫌疑，可以直接对货品作扣押处理。

首先我们先梳理一下跨境电商卖家在进出口货品过程中，在知识产权方面常会遇到的问题。

1. 作为跨境电商卖家，如何被海关列入为总署备案系统中的知识产权合用名单

对于电商卖家，在握有知识产权情况下，可以维护自己的正当利益，为了防止已获得过合法知识产权授权的货品被海关扣留，提高过关效率，可以先查核自己是否握有产品的知识产权的合规授权。

在查核的同时，可以在海关备案系统的官网首页查询通关产品的知识产权是不是已在海关总署备过案。

要是已在海关备案，可以联系知识产权权利人，将电商卖家列入海关备案系统中的产品知识产权合法使用者名单，防止货物在出口过关过程中被影响。如果产品的知识产权涉及国外权利人，可以联系国外权利人所授权的产品国内代理人。

如果想找到国内代理人的联系方式，可以在海关总署备案系统官网首页进行查询，录入产品的专利号、商标号、著作权号、产品权利名称等，就可以查到产品知识产权的国内代理人联系方式。

2. 在海关查验货品过程中，向海关提交了产品知识产权权利人的纸质授权材料，但海关审查期较长，如何提高效率快速通关

由于知识产权权利人上交的纸质授权材料的格式不相同，所以海关方面在判别授权材料的真伪时，需要花费很长时间。

为了加快货品通关速度，海关方面会建议电商卖家让知识产权权利人在海关知识产权备案系统中，将电商卖家划入合法使用者名单，相比纸质的授权材料需要海关部门层层检查，备案系统中的授权名单可以在全国海关范围内被查验到，直接通关而无须纸质授权材料。

电商卖家也可能会遇到产品产权权利人不愿意将电商卖家划入海关总

署备案系统的情况，电商卖家可以联系权利人，让权利人向海关方面提交书面证明材料，明确合法授权的货品会在哪个口岸，什么时间进出关境，这种方法也可以实现快速通关。

14.4.2　关税及 VAT

关税是指根据某国的法律规定，该国海关有权对通过该关境的货品征收的一种税款。

关税的征收以完税价格为基础。出口货品，以该货品售出到国外的离岸价格减去出口税之后，通过海关审查确认的价格为完税价格；而进口货品，以海关审定的交易价值为基础的到岸价格为关税的完税价格。

一般缴纳关税的方式是，管理进出口货品通关手续的海关，整合计算好应缴纳的关税，并给电商卖家填发关税缴款书，由电商卖家带着缴款书向海关或在指定银行办理，缴纳税款或办理转账入库手续，海关方凭着办理好的银行回执联，给电商卖家的货品办理结关放行手续。简单地说，首先是征税手续，然后是结关放行手续，这是大部分国家海关的纳税方式。各国海关都以这种方式作为基本纳税方式。

关税应税额的计算公式：应纳税额 = 完税价格 × 适用税率。

在出口过程中，中国海关也会对出口货品征收关税。国内海关在进出口税则中明确了对涉及大约 47 个税号的产品实施征收关税的规定。目前国内出口货物实施单一税制，只使用一种税率。

以海关审定的交易价格作为基础的销售到国外的离岸价格，扣除出口关税之后，就是出口货物的完税价格。

出口货品的关税计算公式：出口关税 = 完税价格 × 出口税率。

VAT（Value Added Tax，VAT）是指欧洲国家普遍采用的一种流转税。征收纳税人生产经营活动的增值额。

拿英国为例，当货品进入英国境内后，需要缴纳进口税，进口税主要是指进口增值税。当货品完成交易后，电商卖家可以将进口海关增值税作为进项税，向有关部门申请退回，再按交易的销售额缴纳相应的销售税。

VAT 适用于向英国境内的出口，涉及其中的商业交易和相应的服务行为，也适用于使用海外仓储存货品的电商卖家，因为电商卖家的产品是在英国境内发货并完成货品交易的。货品在销售过程中已经存放在英国本地，并非由英国买家进口进入英国都需要交纳 VAT。所以在英国使用仓储服务的电商卖家，都要依法缴纳 VAT。

在欧洲国家缴纳 VAT 的必要性如下所述。

（1）如果货品出口时没有使用货品相应的 VAT 税号，那么就不会享有进口增值税的退税。

（2）如果被相关部门查出借用非货品本身的 VAT 或使用无效的 VAT 税号，有关部门有权将货品扣留，导致完成清关。

（3）如果电商卖家无法提供真实有效的 VAT 发票给海外交易买家，那么买家可以直接取消交易，可以任意给产品差评。电商卖家拥有真实有效的 VAT，在合规合法经营下，卖家就能在产品出口的过程中受到法律保护，保障买卖双方正常的交易，并且有利于提高买家的信任度，提高成交率。

（4）在英国和德国的税局正在使用各种渠道查取跨境电商卖家的 VAT 税号，亚马逊、eBay 等平台也开始响应当地税法，逐步要求电商卖家提交 VAT 税号，所以电商卖家拥有真实有效的 VAT 税号，更容易通过各个电商平台的审查，防止被电商平台封号，有利于电商卖家在电商平台的发展。

下面是在英国完成 VAT 注册的流程和申报方式。

（1）跨境电商卖家提供完整的信息资料。

（2）审核好资料后，递交申请给税务局。

（3）跨境电商卖家收到 VAT 税号及税务局下达的通知文件（通知文件一般在 2 ~ 5 个工作日送达）。

（4）跨境电商卖家在三周内收到纸质版本的 VAT 证书。

（5）跨境电商卖家绑定相关 VAT 的账号，了解每季度的缴税日期。

（6）跨境电商卖家制作好季度销售数据申报表，将申报表提交给 HMRC。

（7）跨境电商卖家直接支付季度的税款到英国的税务局账户。

VAT 申请过程中所必备的材料有法人代表护照、公司营业执照、法人代表身份证（如无护照，可以使用驾驶证）、电商平台系统信息。下面是辅助性材料：（只需提供其中两项）房屋贷款证明、工作相关登记文件、户口本个人相关页、租房合约、出生证、雇主证明信及合同。

14.4.3　海关查验与扣货

海关扣关是指商品由于海关要求涉及的原因而被进出口国海关扣留，导致客户无法正常收货。对于跨境电商来说，海关扣关是经常会遇到的一个难题，这个难题一旦出现，无论是卖家自身的原因，还是物流服务商的原因，都会对卖家利益产生严重影响，所以必须要尽全力避免。通常而言，海关要求涉及的原因包括但不限于以下几点。

（1）进出口国限制商品的进出口。

（2）关税过高，物流服务商不愿清关。

（3）商品是假冒伪劣或者违禁的，直接被进出口国海关销毁。

（4）商品申报价值与实际价值不符，导致物流服务商必须在进出口国支付处罚金。

（5）卖家无法出具进出口国需要的文件。

（6）物流服务商无法出具进出口国需要的文件。

一般情况下，商品被进出口国海关扣留的时候，作为交易主体的卖家应该如何应对扣关呢？主要做法如图 14-3 所示。

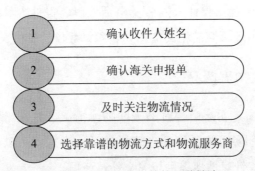

图 14-3　卖家应对扣关的几种做法

1. 确认收件人姓名

卖家第一步要做的是确认收件人姓名，看这个姓名是不是全名，以俄罗斯为例，全名就应该包括姓、名、父姓。如果客户当初留下的并不是全名，那卖家就应该用最快的速度联系客户，让他提供一个真实的全名。

当然，卖家也应该告知客户，物流服务商稍后也会联系他并让他再次提供真实的全名。这样做的目的是保证清关顺利。因为物流服务商会在订单创建以后提前联系客户确认相关信息。

2. 确认海关申报单

如果收件人姓名没有问题，那么卖家就要确认海关申报单。通常来说，海关申报单必须符合要求，虽然现在网上有很多模板，但还是需要根据不同国家的要求制定和填写。

下面以速卖通 EMS 海关申报单要求为例进行详细说明。速卖通 EMS 海关申报单的要求具体包括以下几点：

（1）商品类 EMS 邮件应在详情单 CN22 栏目内和 CN23 报关单相关栏目内清楚、详细地填写与商品有关的信息（例如，"三双运动鞋""两件呢子大衣""5 件牛仔短裤"等）。

（2）进行速卖通 EMS 海关申报价值，并清楚、详细地填写在邮件五联单、海关申报单、商业发票上，而且申报价值必须一致。

（3）非个人邮递的商品、样品、广告品、礼品需要提交形式发票。形式发票的内容应该包括收件人姓名及电话号码、寄件人姓名及电话号码、寄件地址、收件地址、商品相关信息（名称、数量、价值、产地等）。

3. 及时关注物流情况

在商品发出后，卖家必须时刻关注物流情况，并在出现异常的时候尽快与客户和物流服务商取得联系。这样的话，卖家就可以在第一时间了解扣关原因，然后有针对性地提供相关文件及证据。

4. 选择靠谱的物流方式和物流服务商

这也是最重要的，卖家必须要选择靠谱的物流方式和物流服务商，一定不要吝啬自己的钱。虽然有些物流服务商收费比较贵，但清关能力非常强，可以为卖家提供强有力的保障。

14.4.4　电商欺诈

近年来，在跨境产品交易中出现过多起电商欺诈事件，下面归纳出了常见的两种电商欺诈案例，希望电商卖家对这些案例予以重视，减少交易损失。

1. 买家收货后退款欺诈

买家在电商平台下单并收到订单产品，却向电商平台申请退款，给电商卖家带来巨大损失。很多情况下，收到货品的欺诈买家，会向电商平台申诉说货品包裹放在家门口却被人拿走了，以此原因向卖家请求得到赔偿。这类欺诈买家会在收到货品包裹后，再向平台申请未收到货品退款。

2. 身份欺诈

身份盗窃是现在很常见的一种欺诈方式，主要形式是盗号、网络钓鱼。信用卡和其他平台支付方式成为欺诈者的重要目标，在过去的身份盗窃中，欺诈者会利用自己盗取的支付手段与店铺卖家交易，现在各个电商平台针对这一欺诈行为也进行了积极应对，平台系统也在不断更新反身份盗窃手段。

身份欺诈者最近还会使用的一种新欺诈方式就是网域嫁接，将电商卖家的店铺网址嫁接到欺诈者错误的网址上，就是将买家浏览的产品页面嫁接到欺诈者错误的网址页面上。由于买家的各种支付信息都储存在电商平台的数据资料中，以此诈骗者获得钱款。除此之外，欺诈者也会给电商卖家发送假的后台信息，通过这样的方式进行诈骗。

第 15 章

"一带一路"，发展趋势：
新时代下的新机遇

　　每一个影响跨境电商行业的政策条文都是需要电商卖家重点关注的，国家级顶层合作倡议"一带一路"的提出，给跨境电商行业带来了巨大机遇，电商卖家要把握这一机遇，努力将电商活动扩展到海外新兴市场。

15.1 新的趋势和变化

"一带一路"给中国跨境电商卖家带来了新的海外市场机遇，这些商家势必要抓住机遇，在理智分析海外市场环境基础上，稳步拓展海外市场。

15.1.1 大型品牌逐鹿跨境电商市场

联合国工业计划署的一项统计显示，在全球品牌中，仅仅占比3%的世界级品牌却掌握着全球近60%的市场份额，其产品销售额更是达到了全球同类产品销售额的一半。当今在电商平台上活跃的中国电商企业纷纷转型，开始品牌化发展。其中不少大型品牌割据着境外市场，占领着境外市场的半壁江山。

自"一带一路"倡议提出后，我国各人品牌备受鼓舞，开始将市场阵地向海外市场拓展。

据《2018年中国出海品牌50强报告》内容显示，移动游戏、电子产品、时尚服饰、家用电器等领域的大品牌，已经开始分割中国以外的电商市场份额。

以智能手机市场为例，2018年11月小米公司公布的2018年第三季度季报显示，其国际化收入同比增长112.7%，海外收入占比43.9%。小米公司开展智能手机业务虽然时间很短，但取得了非常好的结果。

在2019年第一季度的全球高端手机市场份额排行榜中，中国智能手机品牌共有五家，华为占据16%的市场份额，位列全球智能手机市场第三，一加占据 2% 的市场份额，位列全球第四。

在俄罗斯，中国的智能手机品牌已经占据了该国 45% 的智能手机市场份额，占据这个份额的主要手机品牌是华为、小米、中兴、OPPO 和 vivo。

从智能手机市场能够看出，中国大型品牌正在逐鹿跨境电商市场。

15.1.2　新兴国家市场成为新蓝海

跨境电商行业的新兴市场可提升空间逐渐增大。全球出口跨境电商目的地市场大多是美国、英国、德国、澳大利亚和巴西等，这些地区网购普及率较高，基础技术设施支持和政策支持较好。

巴西、俄罗斯等新兴市场逐步兴起，跨境网购需求高速增长。近年来，新兴市场地区的网购人数激增，为跨境电商提供了很大的需求空间。未来随着这些市场不断突破局限性，如互联网技术普及和基础设施完善，以及跨境支付、物流、海外仓等方面的逐步优化和完善，政策的不断放开，来自新兴市场的需求将不断增长。

实际上，虽然新兴市场竞争者少，但其投资回报周期还是很长的。

海邑跨境电商物流有限公司 CEO 田招博指出，主流跨境电商都是把着眼点落在流量比较多的主流平台上，如果要去切入新兴市场，其实整个链条的打造时间还是偏长一点。

"所以很多布局新兴市场的都是有战略眼光的卖家，他们希望做一些中长期投入，因此通常会选择的是一些政治、经济比较稳定的国家市场。"田招博表示。

此外，进入新兴市场需要占领两个高地。

（1）品牌出海红利。如果供应链过剩造成整个产能过剩，流量其实会聚集到少数精品上。实际上，全球品牌都在争相进入新兴市场，在新兴市场建立品牌一定会是巨大的机会。

（2）社交流量红利。因为新兴市场有人口红利，大量30岁以下的年轻人，会支持新兴市场的智能手机广泛应用。在这个环境中，流量中心化会成为一个大趋势，而这时跨境电商企业钻研如何在社交网络上进行本地化营销既是机遇又是挑战。

中东、北非以及南亚地区都是有机会的目标市场，从贸易准入方向来讲，这些地区的国家对产品标准并没有太苛刻。

除此之外，这些地区的国家都没有很强大的制造能力，必须依靠进口。而且这些市场中大量的人群每天都接触互联网，对新的科技产品以及日用品有巨大需求。所以，这是中国进入这些新兴市场的一个难得的机会。

15.1.3 无序竞争的灰色地带变成有监管的阳光地带

跨境电商是随着网络发展而兴起的一种营销模式，因为起初各国均没有对其做特别监管，所以跨境电商处于一种"野蛮生长"状态。在跨境电商平台上，消费者看到的并不一定是真实的，假冒伪劣产品随处可见。

这种"野蛮生长"的模式不仅损害了消费者利益，而且影响了电商平台的口碑。如果一个平台上的卖家出售的都是假冒伪劣产品，而平台对此不进行任何管理，那么久而久之，平台卖家销售假冒伪劣产品成风，就会导致消费者将平台与假冒伪劣产品画上等号，从而考虑是否还要在该平台上购物，最终导致平台流量减少。

相关统计表明，跨境电商面临的主要问题是产品质量问题。我国海关在检查时发现很多产品存在超标情况，还有一些产品存在脱色、成分与标识不符等情况。

作为跨境电商主要集中地之一的广东省，曾发布了一份关于监控消费品质量的调查报告，报告中指出，检验检疫局在对进口消费品进行抽查的时候，发现进口消费品存在很严重的质量问题，不合格率高达67%。央视"3.15"也曾报道，有些跨境电商卖家甚至出售来自核污染地区的食品。

不论是食品还是生活用品，质量出现问题都会给消费者带来损失。为了避免卖家损害消费者以及平台利益的行为，电商平台为入驻卖家设置了一系列监管条件。

卖家在入驻跨境电商平台的时候，平台会向卖家索要一系列证件，经过相对严格的审核之后才会批准卖家入驻。针对这一点，很多平台甚至对卖家身份进行了限制，比如不能以个体工商户身份注册成为卖家，一旦发现卖家出售产品存在假冒伪劣等情况，就会对卖家实施封号处理等处罚措施。

海关也不断调整和加强对进、出口消费品的监管。目前很多地方的海关都实现了网购保税进口、直购进口、一般出口以及特殊区域出口四种监管模式，为保障消费者利益做出了进一步努力。

15.1.4 深耕垂直领域的精细化经营是未来发展方向

有些跨境电商企业存在一个误区：流量代表一切。流量意味着客户数，线下零售一直强调有客户才会有生意。在互联网中，流量表现为用户数，UV访问人数。但生意远不止有人光顾这么简单。

很多时候电商企业觉得流量不够，于是花钱买更多流量。但提升用户购买率是需要电商企业重点关注的：页面展示的商业逻辑、图片及描述吸引人，商品丰富，服务到位，购物环节顺畅等，这些不是仅靠增加流量就可以解决的。比如，现在的购买转化率是1%，只要通过更精细的运营把转化率提高到2%，就相当于免费获得了一倍的流量。

同样的道理，电商企业也存在这样的漏洞：搜索——用户找不到商品；商品展示——图片和描述不能激起消费者的购买冲动，或者消费者对该商品的详情疑问没能得到充分解答；支付——付款和送货环节使消费者觉得不便或者不放心。电商企业往往过分强调登录的用户数，而忽视了购买转化过程中的消费者流失等问题。

随着互联网人口红利的消失，这种极低购买转化率的状况，必定要从运营的角度得到根本性改善，这意味着运营的精细化时代已经到来。

精细化运营管理包含六个核心，如图15-1所示。

1. 销售转化率

2. 曝光率

3. 流失原因

4. 流量指标体系

5. 多维度流量分析

6. 渠道优化配置

图 15-1　精细化运营管理的六个核心

（1）销售转化率。销售转化率表示商品的销售量与被曝光次数的比例。

（2）曝光率。曝光率表示假设一个网页中放的都是同一种商品，一个位置的点击率在整个网页点击率中的占比。

（3）流失原因。首先要了解我们所属的平台每一层级的自然流失是多少，类目页中每个位置的自然流失是多少。其次在掌握正常情况下的数据之后，我们就可以对异常情况进行处理，减少每一层级的流失。

通过上一个问题的分析，我们基本可以找出出现问题的商品，也可以进一步确定销售好的产品和销售不好的产品的属性差别，调整某些指标以带来更好的结果（例如品牌、颜色、风格在时间属性上的销售情况）。

（4）流量指标体系。包括量级指标、基本质量指标和来访用户类型占比指标。量级指标涉及不同平台，Web 端主要看访问量、PV 和 UV，APP 主要看启动次数、DAU 和 NDAU，基本质量指标包括用户的平均访问时长、平均一次会话浏览页数（访问深度）和跳出率等，卖家通过这些指标可以判断用户活跃度。

（5）多维度流量分析。网站流量分析，主要从访问来源、落地页、广告投放等角度切入。访问来源包括直接访问、外链、搜索引擎和社交媒体等。落地页是用户到达网站的入口。如果用户被导入无效或不相关页面，一般会有较高的跳出率。广告投放一般涉及的分析内容包括广告来源、广告内容、广告形式（点击、弹窗、效果引导）和销售分成等，我们需要通过多维度分析来优化广告投放。

（6）渠道优化配置。成本低、质量高的渠道需要加大投放力度，成本高、质量高的渠道需要评估成本，对于质量低的渠道也需要做好评估。总体上，根据成本、流量转化等综合情况，需要对渠道配置进行整体优化。

 ## 15.2　跨境电商的新风口

小米创始人雷军说过，站在风口上，猪也能飞起来。下面总结了当下跨境电商的三个新风口，它们分别是：碎片化的B2B，全球的商品卖给全球，"一带一路"带来的新机遇。希望电商卖家能抓住机遇，赶上热潮。

15.2.1　碎片化的 B2B

现代社会，人们获取信息的方式和渠道发生了巨大改变，互联网促使人们的生活碎片化，利用碎片化时间来获得信息、输出信息，已经成为现代人与这个世界的主要沟通方式。这样的改变，必定会带来新的商业机会，跨境电商卖家也必须作出改变。

电商市场开始去中心化，走向碎片化。在碎片化时代，电商卖家如果还处在"满足买家需求"阶段已经不够，电商卖家要做的是创造出满足买家需求，领先预测未来的市场动态。只有生产出具备创新性产品，才能为电商卖家的销售业绩带来革命性增长。

随着B2B用户需求逐渐垂直化，跨境电商所面临的市场常态是满足碎片化的订单，也就是说，跨境B2B的订单碎片化已经成为市场现实。为买家提供更多具备高附加值的增值服务，是新形势下跨境B2B电商的特点和努力方向。

未来跨境电商的市场需求还会越来越被细分，不断地碎片化。大批量订单会变得越来越少，以前有过大订单的工厂也会出现头部效应。整体市场长尾效应明显，市场越来越能满足消费者的个性化需求。

15.2.2　全球的商品卖给全球

近年来海淘受到追捧，带动了跨境进口电商行业发展。许多节日被电商变成了购物节。例如，"双 11"成为全民购物狂欢节，"黑五"也成为海淘狂欢节，各大电商也都有各式各样的促销形式出现。其中，天猫国际和洋码头交易额增长飞速。

中国电子商务研究中心表示，目前海外网购配送布局主要有海外直邮、海外拼邮、保税进口三种模式。消费者海淘主要通过跨境进口电商平台、个人卖家代购以及海外电商平台三种途径。自新政出台之后，保税模式遭遇重挫。新政暂缓一年实行的消息使跨境电商纷纷转战直邮或海外仓。

埃森哲咨询公司和阿里研究院预测，2020 年全球超过 9 亿人会跨境购物，最大的市场将是中国。国内消费者购买进口消费品的需求在接下来的几年将会被逐渐释放并趋向平稳，走出去拓展海外市场成为国内卖家的不二选择，这也是国内电商企业这两年的重要任务。

各平台目前对海外市场的布局数据显示，全球化布局最全面、动作最多的是老牌巨头阿里巴巴。对阿里巴巴来说，海外品牌通过阿里巴巴零售平台进入中国内地市场，只是其全球新零售布局中的第一步。阿里巴巴想要做的是全面打通全球商路，随着中国市场增速放缓，接下来当然是走出去。

目前，部分跨境电商企业已经成功拓展了欧美地区、拉美地区等地的市场。在将海外营收占比提高到 50% 的目标下，天猫在第 8 年的"双 11"启动了"全球化 2.0"，带领商家集体出海，把首销作为探路。

15.2.3　"一带一路"带来的新机遇

"一带一路"沿线国家占有全球 43.4% 的人口（约 32.1 亿），贡献经济总量为 25 万亿美元，5 000 万网购消费者，贸易总额占全球贸易总额的 22.8%，并且每年还在以 30% 的速度持续增长。这意味着"一带一路"是跨境电商行业的新机遇。

据《"一带一路"跨境电商消费报告》显示，通过电商平台，中国的电商产品已销往俄罗斯、泰国、埃及、乌克兰、波兰、沙特阿拉伯等数十个"一带一路"沿线国家。

第 16 章

"一带一路"，各区域跨境电商介绍

"一带"，指的是"丝绸之路经济带"，是陆地沿线国家或地区组成的经济带；"一路"，指的是"21世纪海上丝绸之路"，是海上沿线国家或地区组成的经济带。

"一带一路"是世界上跨度较大、较具发展潜力的经济合作地带。沿线国家或地区间能够实现优势互补、资源有效整合，扩大彼此间的经济和贸易合作。

"一带一路"倡议的提出，为跨境电商从业者带来了新的机遇。下面从北线、中线和南线三个方向来讲解沿途区域及国家的大致情况，电商卖家可以根据自身情况和自身产品条件，选择适合自己的"一带一路"沿线市场，把握好国家政策带来的新机遇。

 16.1　北线

"一带一路"北线经过的重要国家或地区有蒙古国、独联体 7 国。

16.1.1　蒙古国

蒙古国国土面积 156.65 万平方公里，总人口约 300 万，经济以畜牧业和采矿业为主。主要进口产品有矿产品、机器设备、食品等。2018 年蒙古国 GDP 同比增长 6.9%，人均 GDP 4 014 美元，该国网民约占总人口的 75%，达 225 万人。B2C、C2C 是当地比较普遍的电子商务模式。蒙古国的跨境电商处于起步阶段，是处于快速发展期的新兴跨境电商市场。

16.1.2　独联体

独联体由俄罗斯、乌克兰、白俄罗斯、格鲁吉亚、阿塞拜疆、亚美尼亚和摩尔多瓦 7 个国家组成。

俄罗斯国土面积 1 709.82 万平方公里，总人口约 1.45 亿，是欧洲最大的互联网市场，也是"一带一路"最大的电商市场之一。主要进口产品有机械设备、交通工具、食品、农业原料产品、化工品、橡胶、金属及其制品、纺织服装类商品等。

2018 年俄罗斯电子商务市场收入达 180 亿美元，未来还会稳步增长，预计 2021 年市场交易额将达到至少 230 亿美元。

俄罗斯是少有的互联网用户过亿的国家，网络覆盖面广泛，是欧洲地区网络用户较多的国家，如此庞大的用户群为电商市场发展提供了有利条件，是重要的跨境电商市场之一。

乌克兰总人口 4 240 万，人均 GDP 2 640 美元。主要进口国为俄罗斯、中国、德国等。主要进口产品有天然气、石油、纸张、塑料制品、地面交通设备、药品、粮食和车床等。

白俄罗斯总人口 947.7 万，人均 GDP 5 726 美元。主要进口产品有：矿产品、机械设备、交通运输工具、黑色金属及其制品、化工产品和橡胶等。

格鲁吉亚总人口 372 万，人均 GDP 3 940 美元。其十大贸易伙伴依次是土耳其、阿塞拜疆、乌克兰、中国、德国、俄罗斯、美国、保加利亚、亚美尼亚和意大利。

阿塞拜疆总人口 979 万，人均 GDP 3 854 美元。主要进口产品有机械设备、食品、木材、药品、交通工具及其配件、黑色金属及其制品、家具和日用品等。

亚美尼亚总人口 297 万，人均 GDP 3 937 美元。主要进口产品有矿产品、食品、化工产品等。主要贸易伙伴是俄罗斯、中国、德国、保加利亚、乌克兰。

摩尔多瓦总人口 355 万，人均 GDP 2 300 美元。国土面积的 80% 是黑土高产田，适宜种植农作物，盛产葡萄。摩尔多瓦工业基础较为薄弱。

 ## 16.2 中线

"一带一路"中线主要路经地区是中亚、西亚、中东欧。

16.2.1 中亚

"一带一路"在中亚地区的主要合作国有哈萨克斯坦、乌兹别克斯坦、吉尔吉斯斯坦、土库曼斯坦和塔吉克斯坦。中国是这五个国家的重要贸易

伙伴，其中哈萨克斯坦是中国与中亚连接的枢纽。

哈萨克斯坦总人口 1 832 万，人均 GDP 约 9 000 美元，经济以石油、采矿、天然气、煤炭和农牧业为主，加工工业和轻工业相对落后。大部分日用消费品依靠进口，对外来商品依存度高。主要进口商品有机械设备、交通工具、仪器、化工产品、金属及其制品、动植物产品和成品粮等。近两年哈萨克斯坦的电商规模呈现高速增长态势。

中亚总人口 7 000 万，人均 GDP 约 6 000 美元，作为新兴的跨境电商市场，处于高速增长期，前景广阔。

乌兹别克斯坦总人口 3 309 万，人均 GDP 1 504 美元。进口产品有油类、食品、化学制品、电力、机器及设备、黑色金属和有色金属等。

土库曼斯坦总人口 562 万，人均 GDP 7 356 美元。石油天然气资源丰富，是该国的支柱产业，主要进口产品有粮食、肉类、轻工业品等。

塔吉克斯坦总人口 910 万，人均 GDP 800 美元。经济基础薄弱，结构单一，进口产品以交通工具、机械设备、矿产品及化工产品为主。

吉尔吉斯斯坦总人口 636 万，人均 GDP 1 220 美元。国民经济以多种所有制为基础，农牧业为主，工业基础薄弱，主要生产原材料。主要进口产品有石油、化工产品、二手汽车、服装、天然气等。

16.2.2　西亚

西亚地区参加“一带一路”的共有 18 个国家（或地区），分别是伊朗、土耳其、以色列、约旦、伊拉克、叙利亚、黎巴嫩、巴勒斯坦、沙特阿拉伯、也门、阿曼、阿联酋、卡塔尔、科威特、巴林、希腊、塞浦路斯和埃及的西奈半岛。

西亚地区人均 GDP 1.3 万美元，多数是中等收入国家。其中伊朗是重要的亚洲经济体之一，中国是其重要的贸易伙伴。

伊朗总人口 800 万，人均 GDP 约 6 000 美元。以石油开采业为主，但基础设施相对薄弱，大部分工业原材料和零配件依赖进口。主要进口产品有粮油食品、机械设备、牲畜、化工原料、药品、运输工具、饮料及烟草等。

土耳其是北约成员国，也是经济合作与发展组织创始会员国及二十国集团成员之一，是发展中的新兴经济体，拥有雄厚的工业基础，是全球发展速度较快的国家之一。土耳其总人口 8 000 万，人均 GDP 1 万美元左右。矿产资源丰富。主要进口产品有机械、燃料、运输设备、石油、化学制品、半成品。该国的互联网普及率处于快速增长阶段，是新兴的跨境电商市场。

以色列总人口约 890 万，人均 GDP 约 4 万美元。是中东地区经济发展程度和工业化程度较高的国家，是发达的资本主义国家。以色列市场经济发展成熟，属于混合型经济。以色列在科技方面贡献非常大，以知识密集型、高附加值产业为主，电子、农业、生化等部门技术水平高。是成熟度高的跨境电商市场之一。

约旦总人口 1 000 万，人均 GDP 5 500 美元。属于发展中国家，经济基础相对薄弱，资源较为贫乏，可耕地少，国内主要需求依赖进口。主要进口产品有原油、化学制品、粮食、成衣、机械设备、电子电器、钢材等。政府鼓励外来投资，并不断制定和完善投资法规吸引外资，鼓励外商在约旦工业区投资办厂。

而对中国跨境电商来说，在西亚地区发展跨境电商相较于其他区域，有个更加特殊的优势：2018 年阿里巴巴收购了西亚地区最大的电商平台 Daraz，并且宣布将开启对中国跨境电商卖家的招商计划，为中国跨境电商卖家搭建了一个很好的市场平台。

16.2.3　中东欧

中东欧的"一带一路"国家有波兰、立陶宛、爱沙尼亚、拉脱维亚、捷克、斯洛伐克、匈牙利、斯洛文尼亚、克罗地亚、波黑、黑山、塞尔维亚、罗马尼亚、保加利亚、马其顿、阿尔巴尼亚。

波兰总人口 3 801 万，人均 GDP 12 780 美元。工业发达，煤炭储存量居欧洲前列。主要矿产有煤、硫黄、铜、锌、铅、铝、银等。欧盟是波兰最大的贸易伙伴。

立陶宛总人口约 287 万，人均 GDP 14 880 美元。工农业比较发达，主要进口产品是矿产品和机电产品。

爱沙尼亚总人口 131.9 万，人均 GDP 17 590 美元。主要进口产品有机械设备、电子产品及其零部件、矿产品、航空及船舶、化工材料等。

拉脱维亚总人口 196 万，人均 GDP 15 579 美元。主要工业门类是电子产品、纺织、建材、机器制造、食品、轻工、化工、木材加工等。支柱产业有采矿、加工制造及水电气供应等。

捷克总人口 1 064 万，人均 GDP 20 450 美元。主要有机械制造、纺织、制鞋、化工、冶金、木材加工、玻璃制造和啤酒酿造等工业部门。外贸在该国经济中占有重要位置。

斯洛伐克总人口 543 万，人均 GDP 17 609 美元。主要工业部门有钢铁、石化、机械、食品、烟草加工、汽车等。主要农作物有大麦、小麦、玉米、油料作物、马铃薯等。畜牧业比较发达。

匈牙利总人口 979 万，人均 GDP 13 196 美元。自然资源比较贫乏，主要矿产资源是铝矾土，其蕴藏量居欧洲第三位。主要进口产品有石油、天然气、汽轮机、测量仪器、汽车零部件、计算机设备。

斯洛文尼亚总人口 206 万，人均 GDP 23 513 美元。属高度发达国家，有着非常好的工业、科技基础。主要进口产品有石油制品、生活用品、食品、钢铁、纺织品等。

克罗地亚总人口 417 万，人均 GDP 13 295 美元。工业以造船、食品加工、制药、资讯科技、生化、木材加工为主。旅游业发达。

波黑总人口 352 万，人均 GDP 4 709 美元。主要进口产品有机械、食品、石油、化工、交通工具等。

黑山总人口 62 万，人均 GDP 9 067 美元。制造业薄弱，大量的工业产品、农产品、能源及日用消费品依赖进口。进口产品主要有粮食、石油和电能等。

塞尔维亚总人口 704 万，人均 GDP 5 900 美元。经济主要基于各种服务，约占 63 % 的国内生产总值。进口产品主要有机械设备、矿产品和纺织品等。

罗马尼亚总人口1 952万,人均GDP 9 480美元。经济以工业为主,机械制造、石油化工、石油提炼、电力、钢铁、轻纺工业等较发达。计算机业尤为发达。

保加利亚总人口705万,人均GDP 8 697美元。属于传统农业国,玫瑰、酸奶和葡萄酒在国际市场上享有盛名。主要进口产品是能源、化工、电子产品等。

马其顿总人口207万,人均GDP 5 483美元。主要进口产品有肉类、原油、汽车、成衣等。

阿尔巴尼亚总人口约288万,人均GDP 4 125美元。进口产品主要有机械产品及其零配件,食品、饮料和烟草,化工产品和塑料制品,纺织品和鞋类,建筑材料及金属等。

浙江执御是中东地区第三大跨境电商平台,也是在中东地区发展速度最快的电商平台,执御在中东地区已经做好了快速完整的布局,并及时快速地响应电商市场变化,目前在中东地区雇员上千,主要销售服装饰品,是全品类运营的跨境电商平台。

目前执御主要是自营模式,与中国供应商合作,由供应商发货至中东地区的海外仓,执御平台在中东市场定价销售并负责后续推广、运营、仓储、物流、售后等服务。考虑到中东风俗习惯的差异,执御平台定制了中东长袍和中东家居用品,以此实现平台产品本土化。

16.3　南线

"一带一路"南线主要包括东盟和南亚地区。

16.3.1　东盟

东盟国有新加坡、马来西亚、印度尼西亚、缅甸、泰国、老挝、柬埔寨、越南、文莱和菲律宾。

新加坡总人口 561 万，人均 GDP 57 714 美元。属外贸驱动型经济，以电子、石油化工、金融、航运、服务业为主。

马来西亚总人口 3 323 万，人均 GDP 9 945 美元。主要进口产品有机械运输设备、食品、烟草和燃料等。

印度尼西亚总人口超过 2.62 亿，人均 GDP 3 847 美元。它既是东南亚国家联盟创立国之一，也是东南亚最大经济体及二十国集团成员国。石油、天然气和锡的储量在世界上占有重要地位。

缅甸总人口约 5 288 万，人均 GDP 1 320 美元。中缅贸易往来频繁，合作领域已从单纯的贸易扩展到工程承包、投资和多边合作，双国贸易额逐年递增。

泰国总人口 6 903 万，人均 GDP 6 954 美元。主要进口产品有机电产品及其零配件、工业机械、电子产品零配件、汽车零配件、建筑材料、原油、造纸机械、钢铁等。

老挝总人口约 680 万，人均 GDP 2 353 美元。经济以农业为主，工业基础薄弱。

柬埔寨总人口约 1 500 万，人均 GDP 1 384 美元。属于传统农业国，主要进口产品有燃油、建材、手机、机械、食品、饮料、药品和化妆品等。

越南总人口约 9 270 万，人均 GDP 2 186 美元。属于发展中国家。主要进口产品有摩托车、机械设备及零件、纺织原料、成品油、钢材、皮革。

文莱总人口约 42 万，人均 GDP 28 291 美元。是东南亚主要产油国和世界主要液化天然气生产国。石油和天然气的生产和出口是其国民经济的支柱。

菲律宾总人口约 1.98 亿，人均 GDP 2 989 美元。菲律宾实行出口导向型经济模式，第三产业在国民经济中地位突出，农业和制造业也占相当比重。

16.3.2　南亚

南亚国家有印度、巴基斯坦、孟加拉、阿富汗、斯里兰卡、马尔代夫、尼泊尔和不丹。

印度总人口 13.24 亿，人均 GDP 1 940 美元。是世界上发展最快的国家之一，经济增长速度引人瞩目。主要进口产品有石油产品、电子产品、金银、机械、化工产品等。

CLUB FACTORY 是印度非常火的中国跨境电商平台，发展势头迅猛。企业于 2015 年成立，如今是印度下载量最高的电商平台软件之一，已经积累了 4 500 万左右的用户。平台主打性价比，销售价格低廉的产品，类似于中国的拼多多。中国是平台上的主要供应商，产品货源主要来自中国各大服装饰品市场和产品批发市场。CLUB FACTORY 平台上销量最高的是服装饰品，其次是数码、家居、食品等生活用品。

巴基斯坦总人口约 1.97 亿，人均 GDP 1 548 美元。主要进口产品有石油及石油制品、机械和交通设备、钢铁产品、化肥和电器产品等。

孟加拉总人口 1.64 亿，人均 GDP 801 美元。经济基础薄弱，国民经济主要依靠农业。

阿富汗总人口约 3 466 万，人均 GDP 681 美元。主要进口产品有食品、机动车辆、石油产品和纺织品等。

斯里兰卡总人口 2 144 万。人均 GDP 4 065 美元。经济以农业为主，最重要的出口产品是锡兰红茶。为世界三大产茶国之一，国内经济深受茶产业发展的影响。

马尔代夫总人口约 44 万，人均 GDP 8 601 美元。旅游业、船运业和渔业是马尔代夫经济的三大支柱。主要进口产品有食品、石油产品、纺织品和生活用品。

尼泊尔总人口 2 898 万，人均 GDP 835 美元。属于农业国，80% 的国民从事农业生产，农业总产值约占 GDP 的 40%。

不丹总人口 87 万，人均 GDP 3 110 美元。主要进口产品有燃料、谷物、汽车、机械、金属、塑料等。

16.4 以东南亚为例，讲述"一带一路"跨境电商

下面以"一带一路"重要沿线地区东南亚为例，从中国卖家出口东南亚的有利条件、中国与东南亚地区之间的贸易关系、东南亚主要国家的电商发展状况、东南亚地区消费者购物水平四个方面，谈谈东南亚跨境电商发展现状。

16.4.1　中国卖家出口东南亚的有利条件

随着东南亚地区互联网的快速普及，电商行业在东南亚迅速发展，中国产品也逐渐得到东南亚消费者的认可。

由于地理位置因素，东南亚地区消费习惯深受中国文化影响，东南亚地区消费者接受并认同中国文化和中国产品。随着中国国内消费升级，中国产品开始在东南亚市场流行。与中国市场相似，东南亚是全球最大的消费升级市场之一。

从网络用户数量和人均上网时间上的统计数据来看，东南亚电商市场极具发展潜力。

1. 东南亚地区互联网用户多

据 2018 年数据统计，东南亚地区互联网覆盖率居全球第三位，互联网用户多。

2. 东南亚人在网络上花费时间长

据统计东南亚人在网络上每天平均花费 4 小时，其中排名第一的是泰国人，每天平均 4.5 小时，其次印度尼西亚人，每天平均 4.2 小时。而美国人、

日本人、英国人每天在网络上花费的平均时间分别为 2.2 小时、1 小时、1.9 小时。

16.4.2　中国与东南亚地区之间的贸易关系

东南亚地区是"一带一路"沿线地区，也是中国开展经济贸易合作的重要地区。

从"一带一路"贸易数据来看，近年中国与东南亚地区之间的贸易额接近 5 000 亿美元，将近中国与其他"一带一路"沿线国家贸易总额的一半。在出口方面，中国向东南亚地区的出口贸易额最大，将近占贸易总额的一半。

中国是东南亚地区最大的进口来源地，占有全球 21% 的份额。东南亚地区主要从中国进口日常消费品，包括大量中间品。中国在东南亚地区的最大贸易伙伴是越南，中越贸易额占中国在东南亚地区贸易总额的 24%。

虽然中国是东南亚地区最大的进口国，但东南亚地区不同国家向中国进口情况差异很大。

16.4.3　东南亚主要国家的电商发展情况

预计到 2025 年，东南亚地区电子商务市场规模将达到 878 亿美元。

1. 印度尼西亚

印度尼西亚拥有接近 1.6 亿的网络用户，是亚洲重要的智能手机市场之一。2018 年数据表明，印度尼西亚在电子商务市场中的收入达到 92 亿美元，随着人们网络消费习惯的不断深化，预计到 2025 年，印度尼西亚电子商务市场将会产生 470 亿美元的销售额，排名仅次于中国和印度，市场空间增长潜力大。

据统计，2018 年印度尼西亚在线购物者约 2 700 万，预计到 2025 年将有 4 100 万印度尼西亚人活跃在电子商务平台。

在进口方面，印度尼西亚主要的产品进口国依次是中国、新加坡、日本、马来西亚和韩国。中国的进口贸易额最大，进口产品总值 321 亿美元，大于日本、马来西亚和韩国之和，如图 16-1 所示。

1. 中国
321亿美元

2. 新加坡
258亿美元

3. 日本
113亿美元

4. 马来西亚
66.7亿美元

5. 韩国
66.1亿美元

图 16-1　各国进口到印度尼西亚的产品总值

印度尼西亚投资统筹机构（BKPM）在媒体发布会上曾表示，印尼的电子商务行业之所以在近几年发展迅速，主要归功于中国的跨境投资人。中国作为亚洲最大的经济体，电子商务公司和技术公司发展日趋成熟，并且在地理位置上印度尼西亚和中国是邻国。

除全球主流电子商务平台外，印度尼西亚热门的本地电商平台有 Lazada ID、Blibi、Elevenia、Blanja 等。

2. 新加坡

据相关调查报告显示，新加坡人更倾向于在网络上购买外国产品。在新加坡，有一半以上的电商交易都是跨境交易，此数据高于中国、日本、韩国。

近几年，全球使用电子商务平台购买产品的人数每年递增 5% 以上，个人在电子商务上的平均花销也在逐年递增。新加坡人在电子商务上平均的花销为 180 美元，远远高出全球平均水平。

据全球调查显示，新加坡远远高于全球平均速度，位居全球前十。新加坡移动网络覆盖广、速度快，网络渗透到用户生活的方方面面，因此新加坡消费者在日常购物方面更倾向于使用网络电商平台，网络购物逐渐成为新加坡人的首选购物方式。

网络交易数据显示，新加坡电商交易最大的品类是玩具和手工艺品，2018年市场成交额为11.53亿美元，第二大品类是电子数码产品，2018年市场成交额达到10.32亿美元，第三是时尚品类，2018年市场成交额为8.83亿美元。

除全球主流电商平台外，新加坡本地使用率高的电商平台有Qoo10 SG、Lazada SG、Zalora SG等。

3. 泰国

泰国是东南亚地区第二大经济体，也是该地区网络用户数量最多的地区之一，该国约有将近7 000万人口，其中网络用户5 700万，占总人口的81%，持续增长的网络用户群使得泰国有着发展电商市场的理想环境。2018年泰国电子商务市场价值为36.5亿美元，按照往年持续增长的数据来看，预计2022年将达到60.1亿美元。

在泰国，电子商务成交额最大的品类是电子数码产品，年交易额为14.04亿美元。玩具、手工品类是第二大品类。然后依次是时尚品类、家居类、食品类、个人护理品类等。近两年泰国的在线游戏和手机游戏行业异军突起，预计在未来几年内将实现强劲增长。

除主流电商平台外，泰国本地的电商平台有Lazada TH、Shopee TH、Central等。

16.4.4 东南亚地区消费者购物习惯

1. 东南亚消费者选择在网上购物的原因

根据调查研究显示，方便、快捷是东南亚消费者选择在线上下单的重要原因，81% 的东南亚消费者称购物轻松、省时是他们选择在网上购物的主要因素。

紧随其后，72% 的东南亚消费者认为在网上购物方便对产品进行比较，以此选出更实惠的产品，这一现象反映出产品价格决定消费行为，价格是东南亚消费者考虑的重要因素。

有 63% 的东南亚消费者认为在线购物可以更好地了解产品，可以通过使用者的评价了解产品的耐用性。有 59% 的东南亚消费者表示在网上购物可以更多地浏览同类产品，以便选出更符合自己需求的产品。

2. 东南亚消费者超过原购物计划，购买更多产品的原因

在网络购物过程中，很多电商卖家利用营销手段吸引消费购买许多计划外的产品。

最近的调查显示，61% 的东南亚消费者表示店铺优惠活动是他们网络购物中超计划购买的重要原因。除店铺优惠活动外，有 50% 的东南亚消费者将按件减免邮费列为可能超额购买的因素。之后，店铺的批量折扣活动占 47% 的比例。此外，近 45% 的东南亚消费者还表示，电商平台按照买家购买习惯推送的产品，也可能会促成购买行为。

3. 东南亚消费者集中购物的时间段

根据最新发布的数据显示，东南亚地区一般在上午 9 点到下午 5 点之间为购物高峰，这个时间段集中在人们上班、上学的时间。但新加坡除外，新加坡是在晚上 10 点钟左右订单量达到顶峰。

在东南亚主要国家中，订单数量普遍会在下午 5 点到晚上 7 点之间呈现下降趋势，这个时间段通常是人们下班回家、吃晚餐的时间，之后网络购物的订单数开始回升，直到晚上 11 点，如图 16-2 所示。

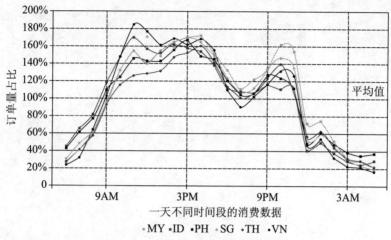

图 16-2　东南亚消费者的购物时间

注：MY：Malaysia，马来西亚；ID：Indonesia，印度尼西亚；PH：Philippines，菲律宾；
SG：Singapore，新加坡；TH：Thailand，泰国；VN：Vietnam，越南

4. 东南亚消费者在一周内集中的购物时间段

按周为单位的东南亚消费者购物数据可以分成两个购物势头上扬的时间趋势。以周一为数据起点，整个东南亚地区的电商卖家在周末的转化率都在持续走低，跌幅在30%左右；周三达到一周在线购物峰值，且转化率最高，每周的平均转化率上升，维持在4%～15%，如图16-3所示。

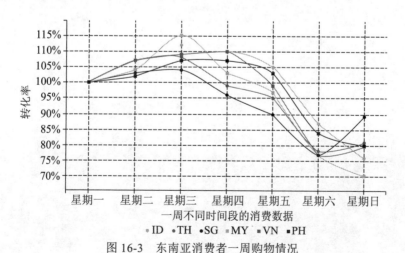

图 16-3　东南亚消费者一周购物情况

注：ID：Indonesia，印度尼西亚；TH：Thailand，泰国；SG：Singapore，新加坡；
MY：Malaysia，马来西亚；VN：Vietnam，越南；PH：Philippines，菲律宾

附　　录

附录一　我国跨境电商相关法律政策

　　电子商务出口在交易方式、货物运输、支付结算等方面与传统贸易有着很大差异。法律法规和现有环境条件并不能满足其发展需求，主要问题还是集中在税收、检验检疫、跨境支付和知识产权等方面。

一、跨境电商的几大法律核心问题

目前，我国跨境电商法律核心包含以下几个方面。

1. 税收

　　跨境电商沿用了一段时期的行邮税随着《关于跨境电子商务零售进口税收政策的通知》的下发已成为历史，跨境电商在税收上逐渐与普通贸易同等看待，这在一定程度上可能会加剧灰色清关，而海关也将在这个领域开展更严厉的执法。所以跨境电商如何让税收合法合理合适，同时又保持其本身的优势，值得研究。

2. 检验检疫

　　保税区的检验检疫主要是依据"四法三条例"以及《进出境邮寄物检疫管理办法》等规章进行。保税区的检验目前只需适用符合性检测标准，即按照当地的生产标准、国际互认标准，在实际操作中可以灵活运用。

3. 跨境支付

　　跨境支付包括跨境第三方支付和跨境人民币支付两种。前者是根据

2013 年 3 月外管局下发的《支付机构跨境电子商务外汇支付业务试点指导意见》，消费者用本国货币在境外网站下单，通过试点的支付机构转化成外币付给境外商家。

后者主要依据是央行《关于金融支持中国（上海）自由贸易试验区建设的意见》和央行上海总部《关于上海市支付机构开展跨境人民币支付业务的实施意见》。这种支付的特点是节省兑换币种流程，缩短支付周期（$T+3$ 日内），避免汇率差的损失。

4. 知识产权

知识产权主要指品牌抢注。境外公司在境内准备开展业务时可能会碰到该品牌在境内已经被他人抢先注册的情况，反之亦是如此。在这方面，新百伦公司被判赔 9 800 万元的案件值得引以为戒。

5. 平台责任

境内法律针对交易平台规定了多项法定义务，参见之前的《法眼电商图媒体：平台十大义务》。此外，跨境交易平台还要考虑境外商家能否入驻、网站服务器和数据中心的选择等诸多问题。

6. 信息使用与大数据

信息收集和使用方面主要参照《消费者权益保护法》第 29 条规定的合法、正当、必要三原则，未来可能会参考俄罗斯最新数据立法，比如要求数据必须保存在本国境内、数据跨境流动受到限制等。

从 2007 年开始，大众点评网发现爱帮网未经许可，在其网上大量发布来源于大众点评网的餐馆信息及用户点评内容并用于商业经营，大众点评网多次要求爱帮网立即删除侵权内容未果，多次起诉爱帮网，前两次均以著作权名义起诉。2010 年 11 月，大众点评网再次以不正当竞争名义起诉爱帮网，最终获得此次判决。

7. 消费者权益保护

在跨境电商企业交易中，境内关于消费者保护的一些规定，比如七天无理由退货很难实现，影响消费者购物体验，所以境外品牌商在做跨境电商时也在尽可能参照消费者所在国家对消费者的服务标准来保护消费者权益。要注意的问题是，按照现行规定，消费者享受行邮税购买的货物被退回是无法再次销售的，否则涉嫌走私。

另外，很多专业打假人士善于利用标签以及不符合国标商品等一系列跨境电商的"软肋"，目前这些行为已列入消费者权益保护范围内，消费者可以进行维权。

8. 外资准入

根据商务部 2015 年最新修订的《外商投资产业指导目录》和工信部最新发布的《关于放开在线数据处理与交易处理业务（经营类电子商务）外资股比限制的通告》，外资进入电商行业的政策已经完全放开，下一步的问题是界定经营类电子商务的范围，这决定了外资施展的空间。

二、各部门对跨境电商的指导意见和解释

海关、工商、商检等部门均根据各自责任对跨境电商开展了监管工作。

《加贸司关于加强跨境电子商务网购保税进口监管工作的函》中关于海关的解释：

（1）各海关应严格按照《海关总署关于跨境贸易电子商务进出境货物、商品有关监管事宜的公告》等相关文件要求，制定监管办法，规范操作，严密监管，不得随意将政策规定扩大化。

（2）网购保税进口应当在经批准开展跨境贸易电子商务服务试点城市的特殊监管区域或保税物流中心开展。非跨境贸易电商服务试点城市不得开展网购保税进口业务。任何海关不得在保税仓库内开展网购保税进口业务。

（3）开展网购保税进口的区域应具备电子商务通关服务平台，设置专

用仓库对跨境保税进口商品实施集中管理，并配备符合海关跨境商品监管要求的 X 光机查验分拣线、视频监控等设施。开展网购保税进口的区域内企业应当按照规定通过电子商务通关服务平台及时向通关管理平台传送交易、物流、支付和仓储等数据，并于每月 10 日前向海关传送上月跨境保税进口商品进、出、转、存电子数据。

（4）各海关要加强跨境电子商务信息化系统建设，按照"个人自用、合理数量"原则，对信息化管理系统进行参数设置，加强对跨境保税进口商品、电商企业以及消费者信息数据的分析监控；加强对网购保税进口消费者的身份认证。发现异常情况应及时移交稽查或缉私部门，严厉打击利用跨境电子商务网购保税进口渠道"化整为零"进行走私的违法犯罪行为。

（5）对经查实存在违法违规行为的相关企业或个人，主管海关应取消其参与网购保税进口试点的资质。对管理混乱、运作不规范的区域应责令整改，整改不合格的取消其试点资质。

（6）请各试点城市直属海关对本关区内网购保税进口试点以来的监管情况进行专项检查。总结试点经验，分析存在问题，查找监管漏洞，处置异常情况，完善监管办法。

工商总局表示，自 2018 年 1 月 1 日起，将跨境电商零售进口监管过渡期政策使用范围扩大至合肥、成都、大连、青岛、苏州 5 个城市。而商检部门则表示，目前一般食品类都需要商检，动物植物则需要进境动植物检验检疫许可证，手机电脑开关等与人体接触比较密切的需要 3C。货物不同，检验检疫要求也不同。

三、政府对跨境电商的扶持政策

作为全国首个跨境电子商务综合试验区，杭州跨境电商发展亮点频现。《杭州市关于加快跨境电子商务发展的实施意见》正式出台，将在龙头企业引进、跨境电商品牌培育、"单一窗口"平台建设和产业园区发展等七个方面加大扶持力度，进一步抢占跨境电子商务制高点。《实施意见》规定，对落户杭州的跨境电商企业，落户首年跨境电子商务进出口额超过 1 亿美元、

5 000 万美元的，分别给予不超过 500 万元、100 万元的一次性资金扶持。

同时，杭州鼓励各类跨境电子商务交易平台采取措施提高跨境电子商务成交额。第一，对上年成交额超过 2 000 万美元的跨境电子商务交易平台，跨境电子商务成交额同比增幅超过 10% 的，给予不超过 20 万元的资金扶持；第二，同比增幅超过 20% 的，给予不超过 50 万元的资金扶持；第三，同比增幅超过 50% 的，给予不超过 100 万元的资金扶持。

财政部、商务部、海关总署等部门对跨境电商进口税收政策的调整已经在进行中，目前各部门已经达成一致，部分方案已经落实：一是加大扶持力度，实现税收政策全国统一；二是提高行邮税税率，减小行邮税和贸易税的差异，鼓励传统进口企业转型电商模式，促进行业发展。

附录二　世界主要国家和地区跨境电商法律法规

近年来，世界主要国家关于跨境电商的法律政策相继出台和完善，目前最完善的国家和组织包括美国、欧盟以及日本。

一、美国的相关法律和税收政策

美国是世界最早发展电子商务的国家，同时也是全球电子商务发展最为成熟的国家。美国在跨境电商方面制定了《统一商法典》《统一计算机信息交易法》和《电子签名法》等多部法律。其中，《统一计算机信息交易法》为美国网上计算机信息交易提供了基本的法律规范。《统一计算机信息交易法》属于模范法的性质，并没有直接的法律效力，但在合同法律适用方面（比如格式合同法律适用等问题），融合了意思自治原则和最密切联系原则，最大限度地保护电子合同相对人的合法权益。

美国在跨境电商课税方面一直秉承税收公平、中性的原则，给予跨境电商一定的自由发展空间。美国从 1996 年开始实行电子商务国内交易零税收和国际交易零关税政策。1998 年美国国会通过《互联网免税法案》，规定三年内禁止对电商课征新税、多重课税或税收歧视。2001 年国会决议延长了该法案的时间。直到 2004 年，美国各州才开始对电子商务实行部分征税政策。

2013 年 5 月 6 日，美国通过了关于征收电商销售税的法案——《市场公平法案》，该法案以解决不同州之间在电子商务税收领域划分税收管辖权的问题为立足点，对各州内年销售额 100 万美元以上的网络零售商征收销售税（在线年销售额不满 100 万美元的小企业享有豁免权），以电商作为介质代收代缴，最后归集于州政府。美国仍然沿用对无形商品网络交易免征关税的制度，在税负上给予电商更多的发展空间。

二、欧盟的相关法律和税收政策

欧盟委员会出台跨境线上交易增值税新法案，旨在规范欧盟区域内线上交易缴纳增值税（VAT）行为，改善跨境线上交易服务环境。

据悉，新法案根据电商企业的年营业额明确界定了小型电商（年跨境贸易额低于 1 000 欧元）与中小型电商（年跨境营业额低于 10 万欧元）的范围，同时简化了跨境电商缴纳增值税的方式，未来电商将根据自身营业规模，按季度向欧盟监管机构统一缴纳增值税。

新法案还取消了"22 欧元跨境贸易免增值税制度"。此前，由非欧盟国家的跨境电商销往欧盟国家的单件货品申报价值若低于 22 欧元，便可免缴增值税。但是，欧盟委员会认定该制度助长了部分商家的逃税与欺诈行为，故在新法案中予以取消。

欧盟要求所有非欧盟国家数字化商品的供应商要在至少一个欧盟国家进行增值税登记，并就其提供给欧盟成员国消费者的服务缴纳增值税。增值税征收以商品生产地或劳务提供地作为来源地，对于电子商务收入来源于欧盟成员国的非欧盟企业，如果在欧盟境内未设立常设机构的，应在至少一个欧盟成员国注册登记，最终由注册国向来源国进行税款的移交。其中德国对来自欧盟和非欧盟国家的入境邮包、快件执行不同的征税标准。

除了药品、武器弹药等限制入境外，欧盟内部大部分包裹进入德国境内可免除进口关税。对来自欧盟以外国家的跨境电商商品，价值 22 欧元以下的，免征进口增值税；价值 22 欧元及以上的，一律征收 19% 的进口增值税。商品价值在 150 欧元以下的，免征关税；商品价值在 150 欧元以上的，按照商品在海关关税目录中的税率征收关税。

作为世界经济领域中最有力的国际组织，欧盟在电商领域的发展一直处于世界领先水平。在电子商务税收问题上，欧盟委员会 1997 年 4 月发表了《欧洲电子商务动议》，认为修改现行税收法律和原则比开征新税和附加税更有实际意义。1997 年 7 月，在 20 多个国家参加的欧洲电信部长级会议上通过了支持电子商务的宣言——《伯恩部长级会议宣言》。

该宣言主张，官方应当尽量减少不必要的限制，帮助民间企业自主发展以促进互联网商业竞争，扩大互联网商业应用。这些文件初步阐明了欧盟为电子商务发展创建清晰与中性的税收环境的基本政策原则。

1998 年，欧盟开始对电子商务征收增值税，对提供网上销售和服务的供应商征收营业税。1999 年，欧盟委员会公布网上交易的税收准则：不开征新税和附加税，努力使现行税特别是增值税更适应电子商务的发展。

为此，欧盟加紧对增值税的改革。2000 年 6 月，欧盟委员会通过法案，规定通过互联网提供软件、音乐、录像等数字产品应视为提供服务而不是销售商品，和目前的服务行业一样征收增值税。在增值税管辖权方面，欧盟对提供数字化服务实行在消费地课征增值税的办法，也就是由作为消费者的企业在其所在国登记、申报并缴纳增值税。只有在供应商与消费者处于同一税收管辖权下时，才对供应商征收增值税。这可以有效防止企业在不征增值税的国家设立机构逃避缴税，从而堵塞税收征管漏洞。

三、日本的相关法律和税收政策

日本鼓励对外直接投资税收政策的方案之一，是采取了体现资本输出中性为原则的税收抵免法。美、日两国税收抵免法的共同之处为在国内法中均有对间接抵免适用性的规定，如持股比例和持股时间要求。两国的不同之处主要有：

1. 综合限额的计算。美国采用分类的综合限额抵免，日本则采用排除亏损国在外的综合限额抵免，做法是在计算综合抵免限额时允许将亏损国的亏损额除外，这样可增大抵免限额，减轻境外投资企业税负。

2. 税收饶让抵免。日本的国内税法中有税收饶让条款，以促进企业的国际竞争力。日本对发展中国家为吸引日本企业对其直接投资所给予的税收减免优惠，视为已纳税款，允许从国内法人税中抵扣，并根据税收条约和缔约对方国的国内法，通常把针对利息、股息和使用费等投资所得的减免额作为抵免对象。

方案之二，是设立海外投资亏损准备金，企业和政府共同承担海外经营风险，这在一定程度上刺激了企业对外直接投资的兴趣和动力。日本的亏损准备金制度包括 1960 年实施的对外直接投资亏损准备金制度、1971 年的资源开发对外直接投资亏损准备金制度、1974 年的特定海外工程合同对外直接投资亏损准备金制度，以及 1980 年的大规模经济合作合资事业对外直接投资亏损准备金制度。核心内容为：满足一定条件的对外直接投资，将投资的一定比例（如特定海外工程经营管理费用的 7%，大规模经济合作和合资事业投资的 25%）计入准备金，享受免税待遇。

若投资受损，则可从准备金得到补偿；若未损失，该部分金额积存 5 年后，从第 6 年起被分成 5 份，逐年合并到应税所得中进行纳税。海外投资亏损准备金制度一方面缓和了亏损对企业持续经营的冲击，帮助企业摆脱困境，走出亏损，走向持平或盈余；另一方面可从整体上减轻企业税负，隐性提升了 FDI 所得的水平。

四、常见国家的关税起征点及算法

起征点是指税法规定对征税对象开始征税的起点数额。征税对象的数额达到起征点的就全部数额征税，未达到起征点的不征税。

关税起征点是《海关法》规定的开始征收关税的金额界限。关税制度中规定关税起征点是为了提高工作效率，避免为小额税款而履行繁杂的征纳税手续，同时也是对纳税人的一种关税优惠。

常见国家的关税起征点和增值税、关税算法如下：

（1）英国起征点：15英镑（22欧元），关税起征点为135英镑，综合关税包括VAT（增值税）和DUTY（关税）以及ADV（清关杂费），VAT= [货值（向海关申报）+ 运费 +DUTY]，DUTY（关税）= 货值 × 产品税率。

（2）澳洲起征点：1 000澳币，综合关税包括DUTY（关税）、GST（商品与服务税）和ADV（清关杂费），GST=VAT[货值（向海关申报）+ 运费 + DUTY] ×10%，DUTY= 货值 × 产品税率。

（3）美国起征点：200美元，综合关税包括DUTY（关税）、ADV（清关杂费），DUTY= 货值 × 产品税率。

（4）欧盟起征点：22欧元，综合关税组成：VAT=[货值（向海关申报）+运费 +DUTY] ×19%，DUTY=（货值 + 运费70%）× 产品税率。

（5）加拿大起征点：20加币，综合关税包括VAT（增值税）和DUTY（关税）以及ADV（清关杂费），VAT =[货值（向海关申报）+ 运费 + DUTY]，DUTY= 货值 × 产品税率。

（6）日本起征点：130美元，综合关税包括VAT（增值税）和DUTY（关税）以及ADV（清关杂费），VAT=[货值（向海关申报）+ 运费 +DUTY]，DUTY= 货值 × 产品税率。